Unterricht GESCHICHTE

Themen · Materialien · Medien

Reihe A · Band 3:
Griechenland

Autoren:
Erika Münster-Schröer · Anja Wieber-Scariot

Herausgeber:
Hans Georg Kirchhoff · Klaus Lampe

Wissenschaftlicher Redakteur:
Ulrich Lemke

Aulis Verlag
Deubner & Co KG

Die Deutsche Bibliothek — CIP-Einheitsaufnahme

Münster-Schröer, Erika:
Griechenland / Autoren: Erika Münster-Schröer ; Anja Wieber-Scariot,
Hrsg.: Hans Georg Kirchhoff; Klaus Lampe. Wiss. Red.: Ulrich Lemke.
– Köln: Aulis-Verl. Deubner, 1997
(Unterricht Geschichte: Reihe A ; Bd.3)
ISBN 3-7614-1881-7

Unterricht Geschichte · **Reihenübersicht:**

Reihe A

Band 1:   Ur- und Frühgeschichte*
Band 2:   Frühe Hochkulturen
Band 3:   Griechenland*
Band 4:   Rom
Band 5:   Spätantike und Frühmittelalter
Band 6:   Hoch- und Spätmittelalter
Band 7:   Entdeckungen und Kolonialismus (in Vorbereitung)
Band 8:   Das Zeitalter der Glaubenskämpfe
Band 9:   Absolutismus
Band 10: Französische Revolution
Band 11: Liberalismus und Nationalstaat
Band 12: Imperialismus und Erster Weltkrieg
Band 13: Die Weimarer Republik
Band 14: Nationalsozialismus
Band 15: Bundesrepublik und DDR bis 1990

Reihe B

Band 1:   Geschichte des Islams bis zur Türkischen Revolution*
Band 2:   Die Vereinigten Staaten von Amerika
Band 3:   Rußland/Sowjetunion
Band 4:   Der Nahe Osten
Band 5:   »Dritte Welt«
Band 6:   Geschichte der Frau
Band 7:   Umweltgeschichte
Band 8:   Europa

An der Reihe arbeiten folgende Autoren mit:

Dr. *Maria Blochmann,*
Lehrerin i.R., Marl

Prof. Dr. *Elisabeth Erdmann,*
Universität Erlangen-Nürnberg

Prof. Dr. *Hans Georg Kirchhoff,*
Universität Dortmund

Dr. *Herbert Kraume,*
Gymnasium Freiburg

Prof. Dr. *Horst Kuss,*
Universität Göttingen

Prof. Dr. *Klaus Lampe,*
Universität Dortmund

Dr. *Erika Münster-Schröer,*
Stadtarchiv Ratingen

Prof. Dr. *Gerhard E. Sollbach,*
Universität Dortmund

Anja Wieber-Scariot,
Universität Bochum

* Bereits erschienen

Best.-Nr. 8313
Alle Rechte Aulis Verlag Deubner & Co KG, Köln 1997
Umschlaggestaltung: Atelier Warminski, Büdingen
Satz: Textverarbeitung A. Garbe, Köln
Druck und Verarbeitung: Druckerei Plump KG, Rheinbreitbach
ISBN 3-7614-1881-7

Das vorliegende Werk wurde sorgfältig erarbeitet. Dennoch übernehmen Autoren, Herausgeber und Verlag für die Richtigkeit von Angaben, Hinweisen und Ratschlägen sowie für eventuelle Druckfehler keine Haftung.

Inhalt

Vorwort (Einführung in die Reihe) 4

A. Einleitung 5

B. Basiswissen 7
   Kulturelle Gemeinsamkeiten 7
   Die olympischen Spiele 8
   Schule 9
   Das Frühe Griechenland 10
   Die dunklen Jahrhunderte und die Welt der homerischen Epen 11
   Die archaische Zeit 12
   Sparta – eine Polis zwischen Mythos und Propaganda 15
   Athen – eine Polis auf dem Weg zur Demokratie 17
   Die Griechen und die anderen Völker 19
   Die Griechen und ihr Verständnis von Arbeit 19
   Beispiele städtischen Lebens – Athen zur Zeit des Perikles 20
   Die Ausbreitung des Griechentums in der östlichen Mittelmeerwelt 20

C. Chronik 22

D. Glossar 24

E. Unterrichtshilfen 26
   1. Die griechische Götterwelt und das Theater 26
   2. Die olympischen Spiele 30
   3. Schule im antiken Griechenland 32
   4. Kreta und Mykene 34
   5. Die Welt der homerischen Epen 37
   6. Tyrannis und Kolonisation 39
   7. Sparta 42
   8. Athen 44
   9. Die Griechen und die anderen Völker 47
   10. Die Griechen und ihr Verständnis von Arbeit 48
   11. Beispiele städtischen Lebens – Athen zur Zeit des Perikles 50
   12. Die Ausbreitung des Griechentums in der östlichen Mittelmeerwelt 53

F. Materialien 55

G. Quellennachweis 119

Vorwort

Zur Reihe

»Unterricht Geschichte« soll helfen, einen lebendigen, schülerorientierten Unterricht zu gestalten.
Die Reihe erleichtert dem Leser die Vorbereitung, indem sie
— im Abschnitt »Basiswissen« die wichtigsten Fakten vermittelt,
— didaktische Hinweise und methodische Hilfen bietet und
— Materialien für den Unterricht bereitstellt.
Der Aufbau der Reihe orientiert sich an den in den Bundesländern erschienenen Richtlinien, die trotz aller Unterschiede im einzelnen in zwei didaktischen Entscheidungen übereinstimmen: Grundlage für den Aufbau des Geschichtsunterrichts in der Sekundarstufe ist die Chronologie, der »Durchgang durch die Geschichte«. Daneben stehen aber auch - je weiter der Geschichtsunterricht fortschreitet, desto mehr - thematische Kapitel.

Dieser Zweiteilung trägt »Unterricht Geschichte« Rechnung: Die Reihe macht die Geschichte »von ihren Anfängen bis zur Gegenwart« zum Inhalt von 15 Bänden, und sie greift wichtige historische Themen in voraussichtlich 8 Bänden auf.

A Einleitung

Die griechische Geschichte im deutschen Geschichtsunterricht

*»Jeder große Gedanke Europas ist zuerst **griechisch-römisch** (Hervorhebung d. Verf.) gewesen. In ihm, durch ihn, schließlich auch gegen ihn ist der deutsche Geist seiner selbst bewußt geworden, dessen schöpferische Originalität nur der ganz erkennen und genießen wird, der sie an dem vorausgehenden großen Zeitalter menschlicher Kultur messen kann. Zu der spezialisierten Berufsarbeit zwingt und erzieht das Leben den Menschen selber. Aber der ihr erst sinngebende, allgemeine, höhere Begriff muß frühe im Menschen geweckt werden, um ihn später zu leiten. Die größte Form dieses allgemeinen Begriffs, die eigentlich philosophische, vermittelt die **antike Welt**.«* (L. Curtius, Deutsche und Antike Welt. Lebenserinnerungen, 1958, S. 59)

Wie dieses Zitat aus den Lebenserinnerungen des deutschen Archäologen *Ludwig Curtius* (1874-1954) zeigt, war die Vermittlung der griechischen Geschichte in den letzten 200 Jahren der deutschen Schulgeschichte wesentlich bestimmt durch den Prozeß der nationalen Identitätsbildung: In Deutschland setzte mit der Bewegung des Neuhumanismus in der 2. Hälfte des 18. Jahrhunderts eine Begeisterung für die Kultur der Griechen ein, die ihren Grund in der Suche nach nationalen Vorbildern hatte. In der griechischen Poliswelt glaubte man eine 'Seelenverwandtschaft' zur deutschen Kleinstaaterei zu erkennen, in den Griechen selbst das wahre Menschsein. Folge der Bestrebungen des Neuhumanismus, der seinen wesentlichen Niederschlag in der *Humboldt*schen Gymnasialreform zu Beginn des 19. Jahrhunderts fand, war eine besonders starke Verankerung des Griechischen und damit automatisch auch der griechischen Geschichte im Fächerkanon des Gymnasiums. Diese Hausse der griechischen Bildung wurde zwar um die Jahrhundertwende von deutschen Bildungsinhalten zurückgedrängt, erlebte aber noch zweimal einen Aufschwung nach 1. Weltkrieg: In der Zeit der Weimarer Republik wurde in der griechischen Bildung im sogenannten Dritten Humanismus nochmals ein Garant für Menschlichkeit gesehen. Eine ähnliche Tendenz der Hinwendung zur Antike aus einem Verständnis der Gegenwart als Krise findet sich auch in der Zeit nach dem letzten Krieg.

Seit den Umbrüchen der 60er Jahre und der Gymnasialreform der 70er Jahre aber ist nicht nur der Platz der Alten Sprachen, sondern auch der der Alten Geschichte sowohl im Anfangsunterricht Geschichte als auch in der Oberstufe sehr kontrovers diskutiert worden. So muß man sich fragen, welchen Sinn die Beschäftigung mit der griechischen Geschichte in der heutigen Zeit hat. Hier hat nun in der fachdidaktischen Diskussion eine Öffnung stattgefunden: Neben die Identifikation mit der Antike ist die Distanzierung getreten — die griechisch-römische Kultur wird als das »nächste Fremde« verstanden (*Christian Meier*). Im Europa der 90er Jahre wäre demnach zu fragen, ob nicht **auch** die Auseinandersetzung einen Beitrag dazu leisten könnte, fremden Religionen, Kulturen, Lebens- und Arbeitsformen mit mehr Akzeptanz entgegenzutreten.

Die Aussprache und Schreibung des Griechischen

Da bis weit in das 18. Jahrhundert in Deutschland Kenntnisse des Altgriechischen nur über den Umweg des Lateinischen vorhanden waren — die gesamte grammatische Nomenklatur des Griechischen ist lateinisch, und Goethe beispielsweise benutzte stets eine zweisprachige Ausgabe des Homer (griechisch-lateinisch) —, finden sich von den meisten griechischen Begriffen und Eigennamen bis zu drei verschiedene Versionen der Orthographie und/oder Betonung: die griechische, die lateinische und oft auch noch eine eingedeutschte: man vergleiche etwa griechisch »Homeros«, lateinisch »Homerus« und deutsch »Homer« oder griechisch »Aischylos«, lateinisch »Aeschylus« und deutsch »Äschylus«. Gerade die Aussprache endbetonter griechischer Wörter nach den lateinischen Regeln führt zur Veränderung der Ursprungsbetonung, da das Lateinische nie einen Akzent auf der letzten Silbe trägt: So heißt es z.B. griechisch »Athena« und lateinisch »Athene«.

Im vorliegenden Heft wurde weitgehend versucht, besonders bei den Eigennamen die griechische Version zu benutzen. Nur in besonders hartnäckigen Fällen — z.B. bei »Homer« - wird die deutsche Version beibehalten. Etliche der Fachtermini hingegen werden in der üblichen, eingedeutschten Version benutzt und enthalten deutsche Endungen, wie z.B. »die Polit<u>en</u> = Vollbürger«. Bei der Transskription des Griechischen in lateinische Buchstaben gibt es sowohl nationale Unterschiede als auch gesonderte Regelungen für Alt- und Neugriechisch. Gewählt wurde hier die jeweils in den deutschen Altertumswissenschaften übliche Umschrift, Einheitlichkeit war dabei nicht immer zu erreichen (z.B. Met<u>ö</u>ke — Met<u>oi</u>kion). Auf die Wiedergabe der langen Vokale <u>Eta</u> und <u>Omega</u> durch Dehnungszeichen und die Kennzeichnung der Betonung der Einzelsilben durch den Akzent wurde jedoch im Interesse der Schüler- und Schülerinnen verzichtet. Stattdessen wird die tontragende Silbe einfach durch Unterstreichung markiert.

Didaktische Prinzipien

In Materialteil dieses Heftes werden Quellen in unterschiedlicher Form präsentiert. Gerade die Quellen der griechischen Frühgeschichte sind oft sehr verstreut und, wenn es um die Verfassungsgeschichte geht, nur auf einem sehr hohen Abstraktionsniveau zugänglich. Da diese Themen vielfach am Anfang des Geschichtsunterrichtes überhaupt stehen, wurde bei der **Bearbeitung der Originalquellen** verstärkt auf die Vermittelbarkeit geachtet. Die Methode des **»Historischen Erzählens«** (*Hans-Jürgen Pandel*) aber wurde angewandt, wo die antiken Quellen nicht vorhanden sind oder sich bestimmten Fragestellungen verweigern: Aus der mi-

A   Einleitung

noisch-mykenischen Periode gibt es nur archäologische Überreste, und gerade zu sozialgeschichtlichen Fragestellungen findet man bei antiken Autoren, die sich als Angehörige der Oberschicht für umfassende Informationen z.B. über das Leben der Sklaven in der Regel nicht interessierten, häufig keine zusammenhängenden Berichte, sondern allenfalls puzzleartige Details. So läßt sich z.B. die Kleisthenische Reform durch ein fiktives Gespräch auf ein einfacheres Abstraktionsniveau bringen oder vermittelt ein erfundener Bericht die Perspektive verschuldeter Bauern. Im Unterschied zu den antiken Quellen werden diese Texte wie die Einführungstexte nicht in kursivem Schriftbild wiedergegeben.

B Basiswissen

1. Kulturelle Gemeinsamkeiten

»Weiter (ist ein Grund für uns, die Perser nicht zu unterstützen,) das *hellenische* Element, das ja im gemeinsamen Blute und der gemeinsamen Sprache besteht, und dann die gemeinsamen Tempel der Götter, die Feste und die gleichartigen Sitten ...« — so lauten die Worte, die der Historiker Herodot (um 485-425 v. Chr.) den Athenern in einer Antwort an die Spartaner nach der Schlacht bei Salamis in den Mund legt (Historien 8, 144).

Nach dieser antiken Äußerung war also trotz aller kleinräumigen Organisation Griechenlands — es gab eben zahlreiche Poleis auf griechischem Boden, größere Poleis wie Athen und Sparta bildeten eher die Ausnahme, und dem Reich Alexanders des Großen war keine lange Dauer beschieden — ein griechisches Gemeinschaftsgefühl vorhanden, das im wesentlichen auf Übereinstimmungen in Sprache und Kultus beruhte. Eben dieses Substrat sollte es dann auch sein, das nach der Eroberung Griechenlands durch die Römer in das Imperium Romanum einging und sowohl die Kultur des Westens als auch in besonderem Maße den Hellenisierungsprozeß im Osten des Reiches prägte.

Einige der kulturellen Gemeinsamkeiten der Griechen wie das Theater und die Sportfeste sind ursprünglich lokalen Kulten entsprungen und haben erst im Laufe ihrer Entwicklung überregionale Geltung erlangt. Daß sie aber ebenso wie die griechische Mythologie und die griechische Literatur trotz unterschiedlicher Lokalgottheiten und verschiedener griechischer Dialekte von den Griechen selbst als Gemeinsamkeiten angesehen wurden, hat seinen Grund einerseits darin, daß in der antiken Mittelmeerwelt kulturelle Errungenschaften schnell übertragen wurden, etwa in den Phasen der Griechischen Kolonisation, andererseits aber vor allem in der relativ frühen Kanonisierung der griechischen Bildung. Das homerische Epos und damit sein Götterbild wurden wohl noch in der archaischen Zeit zur Grundlage der literarischen Erziehung der *Oberschicht;* die anderen literarischen Gattungen folgten in der klassischen Zeit. Vehikel der *enkyklios paideia* — einer schichtenspezifischen »Allgemeinbildung« — wurde der sich in der klassischen Zeit in Griechenland herausbildende Grundtyp der antiken Schule, die bis zur Spätantike Fortbestand hatte.

Manches jedoch, was in heutiger Zeit als gemeingriechisch empfunden wird, hat seinen Grund in der Rezeptionsgeschichte. Infolge einer bestimmten Festlegung auf einen Kanon »klassischen« Schrifttums stand die Beschäftigung mit der griechischen Antike lange unter der Vorherrschaft bestimmter Epochen und Regionen, vor allem der klassischen Zeit Athens. Allerdings zeichnet sich derzeit ein Wandel ab: Durch Einbeziehen von Alltagsquellen und archäologische Untersuchungen versucht die heutige Forschung, ein differenzierteres Bild vom Leben auch in kleineren griechischen Poleis zu gewinnen.

Die griechischen Götter und das Theater
Der griechische Pantheon — in unterschiedlichster Besetzung — ist als Thema immer wieder in der europäischen Literatur und Kunst bearbeitet worden. Die klassisch attische Version der *olympischen Zwölfgötter* umfaßt die Paare: Zeus — Hera, Poseidon — Demeter, Apollon — Artemis, Ares — Aphrodite, Hermes — Athena, Hephaistos — Hestia. Neben diesem Kreis der olympischen Götter gab es noch andere wichtige Götter, wie beispielsweise Hades, den Unterweltsgott. Die strikte Einteilung ihrem Charakter nach in olympische und chthonische Götter, also in »lichtvolle« Himmels- und »geheimnisvolle« Unterweltgottheiten, wie sie die Forschung des 19. Jahrhunderts vorgenommen hat, gilt heute nicht mehr in dieser Ausschließlichkeit. So tragen ja auch viele olympische Götter wie beispielsweise Demeter, die Göttin des Ackerbaus, chthonische Züge. Sinnvoller als eine Einteilung nach dem Charakter der Götter scheint die nach Opfertypen: Schlachtopfer mit anschließendem Mahl für »olympische Götter« und (nicht-eßbare) Vernichtungsopfer für »chthonische Götter«. Ebenfalls typisch für diese Religion sind die vielen multiplen Gottheiten, d.h. Götter und Göttinnen, die wie die Musen und Moiren stets in einer Mehr-Zahl auftraten, und die zahlreichen Halbgötter und Heroen. Die Bereitwilligkeit der Griechen, den Kreis der Götter zu erweitern, zeigt sich in der orientalisierenden Periode (750-650 v. Chr.) u.a. in der Übernahme des Adoniskultes aus Kleinasien. Einen Eindruck von der Vielgestaltigkeit dieser Götterwelt vermitteln beispielsweise die orphischen Hymnen — sie entstanden wohl im zweiten Jahrhundert nach Christus —, in denen etwa 80 Gottheiten angerufen werden.

An dem Problem, sämtliche griechische Mythen in eine zwingende logische Beziehung zu setzen, scheiterten schon die antiken Philosophen. So scheint es — um nur ein Beispiel zu geben — unmöglich, alle Erzählungen über Herakles, abgesehen von den zwölf Arbeiten, die er zu verrichten hatte, in eine chronologische Reihenfolge zu bringen. Die Mythen dienten dazu, einen Kult zu erklären, dann oft auch, eine Institution auf einen Begründer oder Erfinder zurückzuführen, wie etwa im Fall des Alphabetes (s.u.) oder des attischen Kultheros Theseus. Auf dessen Initiative gingen — so meinten die Zeitgenossen des 5. Jahrhunderts — der Synoikismos Athens, d.h. die Herausbildung der Polis, und die Grundlegung der Demokratie zurück. Der griechische Dichter Hesiod (um 700 v. Chr.) hat in seiner »Theogonie« die genealogische Strukturierung der Götterwelt unternommen und somit das zeitliche Element in den Mythos eingebunden; aber zu diesem Zeitpunkt hatten die Mythen schon eine lange mündliche Gestaltung erfahren. Für das alltägliche Zusammenleben der Griechen jedoch waren die Kultvorschriften von Bedeutung, nicht eine systematische Theologie.

Gemeinsam war den griechischen Göttern ihr *Anthropomorphismus*. Ihre Wirkungsbereiche entsprachen menschlichen Berufen und Tätigkeiten, ihre Lebensweise, ihr Verhalten wurden menschlich porträtiert. Diese menschliche Seite der Götter findet sich in den verschiedensten Gattungen der griechischen Literatur beschrieben, wie etwa im 14. Buch von Homers Ilias die Täuschung des Zeus durch seine Gattin Hera, in »Die Vögel«, einer Komödie des Aristophanes (um 445-386 v. Chr.) oder auch in den »Göttergesprächen« des Lukianos (120-180 n. Chr.).

Das antike Drama entstand in *Athen*. Dort fanden Theateraufführungen nicht etwa an einem beliebigen Termin statt, sondern waren Teil der Kulthandlungen für den Gott Dionysos an zwei Festen, den *Großen Dionysien* Ende März und den *Lenäen* im Januar/Februar. Vorstufen und Frühformen des Dramas sind nicht bekannt. Die beiden Formen des Dramas, *Tragödie* und *Komödie*, entstanden aber wohl im Umkreis der Kulthandlungen für den Gott Dionysos etwa im 6. Jahrhundert. Ihre Inhalte hatten sich bald vom Dionysosthema verselbständigt, und neben die Kulthandlungen trat schon früh der Wettbewerb zwischen den Dramatikern.

Die Großen Dionysien dauerten im 5. Jahrhundert v. Chr. fünf Tage. Dem Fest ging die Vorstellung der Dichter und ihrer Stücke sowie die symbolische Heimholung des Dionysos, dessen Kultbild man zuvor aus der Stadt geschafft hatte, voran. Der *erste Tag* begann mit einer großen Opferprozession zum Tempel des Dionysos. Dann trugen wettstreitende Knaben- und Männerchöre die Dithyramben, Kultlieder für Dionysos, vor. Die folgenden vier Tage galten dem Dramenwettstreit. Nach der Darbringung der üblichen Opfer fand am *zweiten Tag* der *Komödienagon* statt, bei dem ein Richtergremium zwischen fünf Komödien zu entscheiden hatte. Am *dritten* bis *fünften* Tag folgte der *Tragödienagon*, an jedem Tag eine Tetralogie eines Dichters. Unter Tetralogie verstand man die Kombination aus drei Tragödien und einem Satyrspiel. Während die drei Tragödien allgemeine mythologische Themen mit oder ohne inhaltlichen Zusammenhang enthielten, wurde im Satyrspiel das Dionysosthema szenisch dargeboten. Mit der Verkündigung des siegreichen Dichters am letzten Abend endete das Fest. Allem Anschein nach bestand für den einzelnen Dichter die Motivation, sich diesem Wettstreit zu stellen und dafür Mittel aufzuwenden — das bedeutete auch Zeit und Geld für die Probenarbeiten aufzubringen —, gerade in dem Prestigegewinn, den ein Sieg mit sich brachte und der in der Gemeinschaft der Polis politischem Einfluß gleichbedeutend war.

Da sowohl an den Dionysien als auch an den Lenäen immer wieder neue Stücke aufgeführt wurden, muß es für den Bereich der Tragödie ab 534, dem Jahr des ersten belegten Tragödienagon, und für den der Komödie ab 486 (1. belegter Komödienagon) eine umfängliche literarische Produktion gegeben haben. Von den drei bekannten Tragikern *Aischylos* (525/24-456 v. Chr.), *Sophokles* (496-406 v. Chr.) und *Euripides* (480-406 v. Chr.), ist nur ein Bruchteil ihrer Stücke überliefert: 7 erhaltenen Stücken des Sophokles stehen beispielsweise 113 verlorene gegenüber, von den 44 Komödien des *Aristophanes* (um 445-386 v. Chr.) sind 11 Stücke erhalten. Wieder andere Dichter sind nur dem Namen nach bekannt. Dieser Überlieferungsbestand ist entscheidend durch zweierlei geprägt: eine Kanonisierung der Stücke des Aischylos, Sophokles und Euripides bereits zu ihren Lebzeiten auf Kosten anderer Tragiker und die Aufnahme einiger ihrer Stücke in das Lehrprogramm des antiken Schulbetriebs. Ähnlich verhielt es sich mit den Komödien des Aristophanes. Seit dem vierten Jahrhundert kam es dann zu Wiederaufführungen dieser Klassiker.

Das vierte Jahrhundert v. Chr. brachte überhaupt etliche Wandlungen im Theaterwesen mit sich: Ursprünglich waren die Theateragone zumindest der Dionysien zwar panhellenisch, aber bis auf seltene Ausnahmen an Athen gebunden. Nun fanden sie vermehrt auch an anderen griechischen Orten statt, z.T. auch zu Ehren anderer Gottheiten. Die ursprünglich politisch motivierten Inhalte der Alten Komödie wandelten sich zu einem eher »bürgerlichen Lustspiel«. Im dritten Jahrhundert gewannen dann andere, schon länger existierende Gattungen an Bedeutung, unter ihnen der *Pantomimos* und der *Mimos*.

Auch die *Aufführungspraxis* wandelte sich. In der Tragödie beispielsweise war aus dem ursprünglich einzigen Schauspieler, der dem Chor gegenübertrat, die Dreizahl plus Chor geworden. Hatte anfangs der Dichter sein Stück vorgetragen und waren die Choreuten Bürger Athens gewesen, so entwickelte sich seit dem 5. Jahrhundert die Schauspielerei zu einem Beruf, bis mit der Zunahme der Wiederaufführungen und der Verbreitung des Theaters im griechischen Mittelmeerraum regelrechte Wandertruppen entstanden. Alle Rollen, gleich welchen Alters und welchen Geschlechtes, wurden von Männern dargestellt, was nicht zuletzt auch durch die Benutzung von Masken möglich wurde. Mit diesen beiden Hauptregeln der Inszenierungspraxis brach lediglich der Mimos. In ihm traten die Mimen ohne Masken auf, und es gab auch Schauspielerinnen.

Der für das antike Drama typischen Kombination von Sprache, Gesang und Tanz — die Mitglieder des Chores trugen nicht nur ihre Lieder im Wechsel zu den Sprechpartien der Schauspieler vor, sondern tanzten dazu auch — trug die bauliche Dreiteilung des Theaters Rechnung: Um den kreisrunden Tanzplatz, die *Orchestra*, herum befand sich der *Zuschauerraum*; die *Bühne* und das Bühnengebäude waren hinter der Orchestra angeordnet. Diese Grundform des Theaters hielt sich bis auf kleine Abwandlungen die ganze Antike hindurch.

2. Die olympischen Spiele

Der Ursprung der griechischen Sportfeste wird einerseits auf Leichenspiele und somit auf kultische Handlungen im Rahmen des Heroenkultes, wie sie bereits in der Ilias beschrieben werden, zurückgeführt. Andererseits sollen sie — so lautete die Position Jacob Burckhardts im 19. Jahrhundert — im agonalen Geist der Griechen wurzeln. Fruchtbarer als eine monokausale Erklärung scheint es, die Entwicklung des griechischen Sports in Beziehung zur griechischen Geschichte zu betrachten: Aus dem ursprünglich exklusiven Sport adliger Herren wurde mit dem Aufkommen der Hoplitenphalanx eine Angelegenheit der Polis, die ein Interesse an para–militärischer Ausbildung der Jugend hatte. Als aber dann die Poleis in der Epoche des Hellenismus zunehmend an politischer Eigenständigkeit verloren, gewann der Sport ein Eigenleben, er wurde zum Berufssport.

Die *Olympischen Spiele* waren nur eines der vier *panhellenischen periodischen Sportfeste,* allerdings das bekannteste; die anderen fanden in Delphi, am Isthmos und in Nemea statt. Die Motive zur Teilnahme waren auch schon in der Antike profaner Natur. Zwar gehörten die olympischen Spiele im Gegensatz zu anderen Sportfesten, bei denen es materielle Preise gab, zu den *Kranzfestspielen,* d.h., der Sieger wurde mit einem Kranz belohnt; aber in den Heimatstädten winkten dem Sieger oft reichliche Belohnungen ideeller wie finanzieller Natur: feierlicher Empfang, Aufstellung einer Ehrenstatue, Eintragung in eine Siegerliste, Ehrenbürgerschaft, Ehrenplatz bei Wettkämpfen und im Theater, Speisung am Staatsherd im Prytaneion, dem höchsten Amtsgebäude, Steuerfreiheit, Geldprämien und oft noch Schenkungen von Privatleuten. Darüber hinaus konnte der Sieg den einzelnen für ein Amt in der Heimatstadt qualifizieren und ihrer Darstellung nach außen dienen. Und das trug nicht nur zum Ruhm der Polis im gesamtgriechischen Raum bei, sondern diente auch der Demonstration ihrer militärischen Kampfkraft durch sportliche Siege.

Als Jahr der ersten Olympischen Spiele ist das Datum *776 v. Chr.* überliefert, das jedoch nicht als zweifelsfrei historisch abgesichert gelten darf. Das ursprünglich nur aus dem Stadionlauf bestehende Programm wurde nach und nach erweitert, wobei das Spektrum der Disziplinen im wesentlichen verschiedene Arten des Laufsports, des Ringens, des Reitsports und des Fünfkampfs umfaßte, so daß aus dem anfangs nur eintägigen Fest ein fünf- bis sechstägiges geworden war. Der Kreis der Teilnehmer, zunächst nur aus dem Gebiet der Peloponnes, erweiterte sich mit der Zeit zu einem gesamtgriechischen.

Das Fest fand im Hochsommer statt. Ihm voran ging stets ein Olympischer Monat, in dem ein Waffenstillstand in Griechenland verkündet wurde. Mit einer Prozession von Olympia nach Elis wurde der Festakt eröffnet, es folgte ein Tieropfer am Altar des *Zeus.* Dann legen die Teilnehmer den Schwur ab, nicht gegen die Regeln der olympischen Wettkämpfe zu verstoßen. Anschließend unterzogen sie sich einer Überprüfung. Ihre Teilnahme war nämlich an griechische Abstammung, freie Geburt und Freisein von Blutschuld gebunden. Am zweiten Tag wurden die Knabenwettkämpfe abgehalten, am dritten fanden die Wagen- und Pferderennen statt, und am Abend desselben Tages wurden die Opfer für Pelops und Achilleus dargebracht. Am vierten Tag wurde Zeus die Hekatombe (100 Rinder) geopfert. Den Schlußpunkt der Spiele bildeten der Fünfkampf, die Laufwettbewerbe und Boxen/Ringen.

Das gesamte Programm zeigt deutlich die *Mischung von Kult und sportlicher Aktivität.* Dabei kam dem Kult des Zeus die hervorragende Bedeutung zu: Im 5. Jahrhundert hatte das Priesterkollegium den berühmten Bildhauer Pheidias damit beauftragt, ein Kultbild des Zeus für das olympische Zeusheiligtum zu schaffen. Diese nicht mehr erhaltene Statue aus Gold und Elfenbein — nur die literarischen Quellen ermöglichen eine Rekonstruktion — war im Altertum so berühmt, daß sie von den antiken Zeitgenossen unter die sieben Weltwunder gezählt wurde und eine Schar von »Olympiapilgern« anzog.

Verheirateten Frauen war die aktive und passive Teilnahme an den olympischen Spielen untersagt. Was die unverheirateten Frauen bzw. Mädchen betrifft, so konnte bisher nicht geklärt werden, ob sie in der Frühzeit der olympischen Spiele ebenfalls völlig ausgeschlossen waren. Allerdings sind für sechs griechische Städte die *Heraia* belegt, ein Sportfest zu Ehren der Göttin Hera. Das bedeutendste fand in Olympia statt, jeweils im dritten Jahr nach den olympischen Wettkämpfen. Unter Leitung eines Gremiums von sechzehn vornehmen Frauen und ebenso vielen Dienerinnen wurde als einzige Disziplin ein in drei Altersstufen eingeteilter *Lauf der Mädchen* durchgeführt. An diesem Fest als Gegenstück zu den Olympischen Spielen — zu Ehren des männlichen Gottes Zeus für männliche Wettkämpfer — wird die geschlechtsspezifische Sonderung im antiken Kult deutlich. Im Zeitalter des Hellenismus lassen sich dann aber sowohl Frauen als Besitzerinnen von olympischen Rennpferden als auch als Teilnehmerinnen periodischer Sportfeste, z.B. bei den Pythischen Spielen, durch inschriftliche Belege nachweisen.

3. Schule

Spätestens im 4. Jahrhundert v. Chr. hatte sich in der griechischen Welt die Vorstellung von einem »Bildungsprogramm« herausgebildet, das unter dem Begriff der *enkyklios paideia,* d.h. allgemeine Bildung, gefaßt wurde. Die dazu zählenden Inhalte waren nicht überall dieselben. Neben den sprachlichen und mathematischen konnten sowohl Medizin als auch Architektur und Rechtswissenschaften dazugehören. Dieser Bildungsanspruch wurde in den griechischen Städten im Zeitalter des Hellenismus unterschiedlich eingelöst, immer aber war diese Bildung auf die *Oberschicht* ausgerichtet. Voraussetzung zur Teilnahme an dieser Bildung waren nämlich der freie Personenstand, die griechische Herkunft und besonders in der »Hochschulbildung« wegen der Kosten das entsprechende Vermögen. Die Römer übernahmen dieses Bildungskonzept und sprachen von den artes liberales, den einem Freien angemessenen Künsten.

Praktische Umsetzung fanden diese Bildungsinhalte in einem *dreigliedrigen Bildungsgang,* der ebenfalls im Hellenismus voll ausgebildet wurde und, von den Römern übernommen, bis zur Spätantike fortlebte. In der *Elementarschule,* die in der Regel privat finanziert wurde, lernten die Kinder die Kulturtechniken. Beim Lesen und Schreiben wurden erst Buchstaben, Silben und dann ganze Wörter geübt. Dann folgten ausgewählte Stücke aus Werken von Dichtern, die nicht nur laut gelesen, sondern auch auswendig gelernt wurden. Als

Lehrtext wurde oft zuvor Diktiertes benutzt, Schreibmaterialien waren in der Regel Wachs- oder Holztäfelchen. Das Rechnen umfaßte oft nicht mehr als das reine Aufsagen der Zahlen. Im Gegensatz zu den höheren Formen der Bildung war diese Form des Unterrichts vielerorts koedukativ. Wohlhabendere Familien schickten ihre Kinder in Begleitung eines Sklaven, des *Pädagogen,* in die Schule. Dieser sollte besonders Jungen, die in größerer Zahl die Schule besuchten, vor homosexuellen Belästigungen schützen und hatte die Aufgabe, die Interessen des Vaters des Zöglings, seines Herrn, in der Schule wahrzunehmen.

Der *höhere* Unterricht fand seit dem 4. Jahrhundert v. Chr. im von der Gemeinde unterstützten Ephebengymnasium statt. Hier wurden Jungen neben Sport, Musik und mathematischen Fächern vornehmlich in *Grammatik und Literatur* unterwiesen. Bei der Dichterlektüre standen *Homer* und Euripides im Mittelpunkt, bei den Prosaautoren meist der Redner Demosthenes (384-322 v. Chr.). Dabei waren Lesen und Auswendiglernen der erste Schritt, dann folgte die sorgfältige Texterklärung grammatischer und inhaltlicher Art. Die mathematischen Wissenschaften konnten in der antiken Schulbildung niemals ein großes Terrain erobern. Diese Konzentration auf das Sprachlich–Literarische auf Kosten der Realien übernahmen die Römer. Sie setzte sich in der mittelalterlichen Schule fort.

Die letzte Stufe der Ausbildung bestand in *Rhetorik- und Philosophieunterricht*; an einigen Orten existierten auch noch Fachschulen, z.B. für Medizin. Diesen Unterricht erteilten oft angesehene Philosophen und Redner gegen ein entsprechendes Honorar.

Einen Einblick in den antiken Schulalltag vermitteln vor allem die Hermeneumata Pseudodositheana. Mit diesem Namen faßt man eine Gruppe lateinisch–griechischer Handbücher zusammen, die im 3. nachchristlichen Jahrhundert als zweisprachige Schulbücher für griechisches Zielpublikum entstanden, das Latein lernen wollte. Daß sie auch umgekehrt benutzt wurden, ist allerdings nicht auszuschließen. Wie wenig sich in den Schulen des römischen Reiches im Vergleich zur hellenistischen Zeit geändert hatte, mag man daran ermessen, daß die in diesen Handbüchern beschriebenen Neuerungen nicht über Kleinigkeiten hinausgingen, wie beispielsweise den Gebrauch einer großen Tafel.

Das griechische Alphabet
Wie für so viele kulturelle Errungenschaften hatten die Griechen auch einen Ursprungsmythos für die Entstehung ihres Alphabetes. Nach Herodots Historien brachte nämlich der Phöniker Kadmos, der sich auf der Suche nach seiner entführten Schwester Europe (lat. Europa) in Griechenland niederließ, den Griechen die zuvor unbekannte Schrift.

Tatsächlich trat Jahrhunderte nach dem Verlust der mykenischen Schrift um 800 wieder eine Schrift in Griechenland auf, die Übereinstimmungen mit dem *phönikischen* Alphabet aufweist. Allerdings wurde dieses Alphabet den Erfordernissen der griechischen Sprache angepaßt: Schriftzeichen, deren Lautwert nur für das Phönikische, nicht aber das Griechische geeignet war, benutzten die Griechen für Vokale, die im Phönikischen als semitischer Sprache nicht schriftlich festgehalten wurden. Aus dem inschriftlichen Bestand lassen sich — ähnlich wie bei den Dialekten — lokal verschiedene Alphabete ermitteln, die im wesentlichen zwei Obergruppen zuzuordnen sind: dem westgriechischen und dem ostgriechischen Alphabet. Das westgriechische Alphabet übernahmen die *Römer* aller Wahrscheinlichkeit von den in Unteritalien siedelnden chalkidischen Griechen aus *Kyme*. Es gibt jedoch auch die Auffassung, wonach nicht das griechische Alphabet, sondern das *etruskische* als Urform der meisten europäischen Alphabete gilt. Danach leitet sich das lateinische Alphabet aus dem etruskischen her; wie aber die Etrusker ihr Alphabet entwickelten, ist bisher unbekannt.

In hellenistischer Zeit entstand wie mit der Koine, der griechischen Gemeinsprache, auch eine überall lesbare Schrift, wobei auch hierbei das *Attische* eine wichtige Rolle spielte. Ebenfalls in diese Zeit fiel die Entwicklung der Groß- und Kleinbuchstaben. Dieses Alphabet ist Grundlage der alt- und der neugriechischen Schrift.

4. Das Frühe Griechenland

Seit der Entzifferung der mykenischen Linear–B–Täfelchen im Jahre 1952 durch den Engländer *Michael Ventris* ist eine Zuordnung des Idioms dieser Tontäfelchen zum Griechischen möglich; die *mykenische Kultur* ist also Teil der griechischen Geschichte.
Ihr vorangegangen ist die *minoische Kultur* mit dem Schwerpunkt auf der Insel Kreta, die ungefähr den Zeitraum von 3000 bis 1400 umfaßt. In diesen beiden Phasen der griechischen Geschichte sind *Paläste* gesellschaftlicher, kultureller und wirtschaftlicher Mittelpunkt. Den archäologischen Funden zufolge spielte in der minoischen Kultur die kultische Verehrung weiblicher Gottheiten eine große Rolle. Das Minoische allerdings konnte bisher weder dem Schriftbild (Linear–A–Schrift) noch dem Wortbestand nach gedeutet werden. Sicher ist nur, daß ihm eine nicht–griechische Sprache zugrunde liegt. Vermutet werden Ursprünge im kleinasiatischen Raum.

Ab 1450 löste die mykenische Kultur die minoische auf der Insel Kreta ab. Auf dem griechischen Festland hingegen, besonders auf der Peloponnes, reichen ihre Anfänge ins 17. Jahrhundert zurück. Ihre Blütezeit dokumentieren die Palastanlagen in Mykene, Pylos und Tiryns aus dem 13. Jahrhundert. Bei vielen Ähnlichkeiten mit der minoischen Kultur kennzeichnet — so meinen etliche Archäologen — die mykenische Welt ein wehrhafterer Zug. Seit einiger Zeit liegen allerdings auch Belege vor, wonach nicht nur die mykenische, sondern auch die minoische Kultur kriegerisch geprägt waren.
Die Funktion der Paläste minoischer wie mykenischer Zeit bestand in der *Wiederverteilung von Gütern* (Redistribution). Überschüsse einer vielfältigen landwirtschaftlichen Produktion — Oliven, Weintrauben und Weizen sowie vor allem Vieh — wurden in den Vorratshäusern des Palastes gesammelt und dort z.T. weiter-

verarbeitet. So bildete zum Beispiel die Wolle der Schafe die Grundlage der Textilherstellung, und aus Öl wurden Duftstoffe gewonnen. Aus diesem Grunde sammelten sich vor allem Spezialisten im Palastbezirk, wo sie ihren Unterhalt fanden. Deren Handwerksprodukte konnten wiederum getauscht werden — gegen Nahrungsmittel im lokalen Handel oder gegen wichtige Rohstoffe im Fernhandel. Besonders wertvolle Produkte der Textilherstellung waren auch Geschenke im Verkehr mit fremden Völkern. An der Spitze des Palastes stand eine Königsfamilie, manche Forscher sprechen auch von einem Häuptlingstum oder einer Priesterschaft.

Diese Funktionsmechanismen der Palastwirtschaft sind für die mykenische Periode durch die Linear-B-Täfelchen bezeugt, die sowohl die Produkte als auch Namen derjenigen enthalten, die sie weiterverarbeiteten.

Auf Tontäfelchen z.B. aus Pylos auf der Peloponnes sind über 700 Frauen, teils nach ihrem Herkunftsort und teils nach ihrem Aufgabengebiet, aufgeführt. Der Status dieser Frauen und der Umstand, daß auf einigen der Täfelchen Jungen und Männer in Beziehung zu den Frauen genannt sind, hat zu unterschiedlichen Deutungen geführt. Während Chadwick glaubte, daß es sich bei den Frauen um Sklavinnen, die als Kriegsgefangene nach Pylos gelangt waren, handelte, hat Tritsch darauf verwiesen, daß erstaunlich viele der verzeichneten Frauen aus dem Einzugsgebiet des Palastes von Pylos kämen, was eine Kriegsgefangenschaft unwahrscheinlich mache. Er vertrat dagegen die Meinung, eine äußere Bedrohung habe zur Evakuierung vieler Menschen in den Palastbezirk geführt und die Frauen habe man gerade wegen der Bedeutung ihrer Arbeit für die Kriegsvorbereitung — Brot- und Stoffherstellung und Sanitätsversorgung — erfaßt. Die neuere Forschung hingegen deutet die auf den Linear-B-Tafeln genannten Tätigkeiten im Sinne eines Arbeitsrekrutierungssystems des Palastes, in das die freie Bevölkerung eingebunden war — es handelte sich demnach bei den oben erwähnten Frauen um Freie, die ihre Arbeit im Rahmen eines Verpflichtungsverhältnisses leisteten.

Im 12. Jahrhundert. v. Chr. kam es im östlichen Mittelmeer zu einer Reihe von Umwandlungen und Zerstörungen, an deren Ende auch die mykenische Kultur unterging. Die Gründe dafür konnten bisher nicht eindeutig geklärt werden: Die früher verbreitete Theorie einer Zerstörung der mykenischen Kultur durch dorische Siedler (dorische Wanderung als Teil der indogermanischen Wanderung) hat sich als nicht haltbar erwiesen; allenfalls kann man von innergriechischen Bevölkerungsverschiebungen ausgehen, die aus einer Form der Wanderweidewirtschaft resultierten. Ebenfalls von Eroberung geht die Forschungsrichtung aus, die ein Eindringen von Seevölkern — einer Gruppe von Völkern, die vom Balkan aufbrachen und deren Vordringen bis nach Ägypten in ägyptischen Quellen belegt ist — als Ursache für das Ende Mykenes annimmt. Wieder ein anderes Erklärungsmodell für das Ende der Kultur benennt Naturkatastrophen wie Erdbeben als Anlässe.

Das Ende jener Periode aber wird neuerdings als eine Art *Systemkollaps,* als ein Ende der Redistribution durch den Palast, verstanden. Damit soll nicht die Existenz kriegerischer Konflikte geleugnet werden, vielmehr wird in diesem Modell dem Problem Rechnung getragen, daß sich durch archäologische Funde vielerorts keine Katastrophen, dafür aber Siedlungskontinuitäten (z.B. Athen) nachweisen lassen.

5. Die Dunklen Jahrhunderte und die Welt der homerischen Epen (1100-800/750 v. Chr.)

Dieses Zeitalter wird deshalb dunkel genannt, weil aus ihm keine schriftlichen Zeugnisse überliefert sind. Zur Deutung jener Periode werden also vor allem archäologische Überreste herangezogen. Der Zusammenbruch der mykenischen Herrschaft um 1200 v. Chr. ist keineswegs mit einer Entvölkerung des Landes gleichzusetzen. Darauf läßt etwa in Lefkandi auf Euböa eine große und reiche Grabanlage schließen. Neben solcher Siedlungskontinuität gab es sogar etliche Neuerungen. Das Eisen löste als wichtigstes Material für die Werkzeugherstellung die Bronze ab, und in der Architektur kam der griechische Tempelbau auf — zunächst aus Holz und seit dem 7./6. Jahrhundert aus Stein. Fast mathematisch anmutende Muster verzierten die Keramik, Vasen und Gefäße, so daß dieser Stil als geometrisch bezeichnet wird.

Der jüngere Abschnitt dieser Epoche wird häufig auch *Homerische Zeit* genannt. Die erst nach Entwicklung der neuen Buchstabenschrift um 700 aufgezeichneten homerischen Epen enthalten zwar keine ereignisgeschichtlichen Informationen über einen »Trojanischen Krieg«, wie noch der deutsche Kaufmann und Archäologe *Heinrich Schliemann* (1822-1890) glaubte; sie geben aber Aufschluß über soziale Strukturen ihrer Entstehungszeit und vornehmlich der unmittelbar vorangegangenen Zeit.

Die homerische Welt war kleinräumiger organisiert als die mykenische mit ihren bedeutenden Palästen. Es gab zwar einen Adel; insgesamt war aber die Gesellschaft bescheidener. Unterschiedlich große adelige Häuser, an deren Spitze ein Herr lebte, bestanden nebeneinander. Im Umgang dieser adligen Herren miteinander und mit ihren Gefolgsleuten bildeten sich Vorformen eines politischen Zusammenlebens heraus, die bereits in die archaische Epoche weisen.

Schon in der Antike setzte eine Diskussion um die Person *Homers* ein. Verschiedene Städte wetteiferten um die Ehre, Homers Heimatstadt zu sein, und bereits im Hellenismus gab es Stimmen, die keinen gemeinsamen Verfasser für Ilias und Odyssee annahmen. Seit dem Entstehen der neuzeitlichen Homerphilologie mit dem Ausgang des 18. Jahrhunderts lassen sich die Positionen zwei Lagern zuordnen: den Unitariern, die von einem Dichter ausgehen, und den Analytikern, die zwei oder mehrere Dichter bzw. Kompilationen zu Grunde legen.

Auch die moderne Altertumswissenschaft hat die Frage nach der Historizität der beiden Epen *Ilias* und *Odyssee* nicht losgelassen. In den 1930er Jahren untersuchte *Milman Parry* die slawische Volksepik und ermittelte dabei als wesentliche Kriterien ihre Mündlichkeit und Variabilität. Der Sänger trägt dabei mit Hilfe von Formeln — Beschreibungen stets gleicher Vorgänge wie z.B. des Tagesanbruchs — in der Art eines Baukastenprinzips immer wieder neue Geschichten vor, und das in metrischer Sprache.

Ähnliche Kriterien der *oral poetry* müssen in der griechischen Frühzeit dem Umgang der Griechen mit ihren epischen Stoffen zugrunde gelegt werden. Ein breites Repertoire von heroischen Geschichten, die um den Trojanischen Krieg kreisten, wurde lange Zeit von *Aöden* vorgetragen, Sängern, die ihren Stoff dichterisch frei gestalteten. In einer nächsten Phase wich diese Vortragsform einer mehr auswendig gelernten Rezitation durch den *Rhapsoden*. Die Ilias und Odyssee wurden vor diesem Hintergrund schriftlich niedergelegt und zwar aller Wahrscheinlichkeit nach im *8. Jahrhundert*. Es sprechen viele Argumente sprachlich–literarischer, kompositorischer und inhaltlicher Art dafür, daß die beiden Epen willentlich ausgestaltet wurden, daß aber die Odyssee jünger als die Ilias ist. Über die Person des Ilias- bzw. Odysseedichters sind jedoch keine Angaben möglich. In der Folgezeit wurden die Epen, obwohl bereits schriftlich niedergelegt, weiter mündlich verbreitet, um dann im 6. Jahrhundert ihre endgültige Redaktion zu erfahren. Zwei Auftraggeber kommen nach den antiken Angaben dafür in Frage, der Reformer Solon oder der Tyrann Peisistratos. Danach erfuhren die beiden Epen keine großen Wandlungen mehr. Im antiken Bildungswesen nahmen sie bald einen überragenden Platz ein.

Fand nun aber der Trojanische Krieg tatsächlich statt? Gab es also ein Bündnis der Festlandgriechen gegen das in der heutigen Türkei gelegene »Schliemannsche Troja«? Der archäologische Befund deutet auf eine Zerstörung »Trojas« im 13. Jahrhundert und ermöglicht die Identifizierung etlicher im Epos genannter Plätze mit mykenischen Zentren, mehr aber auch nicht. Während verschiedene der im Epos aufgeführten Völker auch in späteren Quellen Erwähnung finden, werden die Troer nirgends genannt, auch nicht in den Quellen benachbarter, schriftkundiger Völker wie der Hethiter, die zur mykenischen Periode zeitgleich sind. Das gleiche gilt für den Krieg selbst. Wollte man also für diesen überhaupt einen historischen Kern annehmen, so müßten dies die zahlreichen Grenzkonflikte mykenischer Zeit sein.

Viel wahrscheinlicher aber ist das *Dunkle Zeitalter* Grundlage der Epen; denn das Gedächtnis einer Gesellschaft reicht selten über einen längeren Zeitraum als 100 Jahre hinaus, so daß bei einer Niederschrift im 8. Jahrhundert nicht der Inhalt des gesamten Epos eine Rückerinnerung an die mykenische Zeit sein kann. Die in den Gedichten geschilderten Bestattungsriten gestatten nämlich nach Erkenntnissen der Archäologie keine Zuordnung der Epen zur mykenischen Zeit, sondern eher zur Phase griechischer Geschichte vor der schriftlichen Niederlegung der Epen. Sie spiegeln also das *10. und 9. Jahrhundert*, eher noch das *8. Jahrhundert* wider. »Mykenische Einsprengsel« sowie die Nicht-Erwähnung bestimmter politischer Institutionen aus der Zeit der Abfassung lassen sich mit der mündlichen Vorgeschichte und dem bewußten Archaisieren des Iliasbzw. Odysseedichters erklären.

Die homerische Welt war eine Welt aristokratischer *Krieger,* die im wesentlichen auf Tapferkeit im Kampf und die dadurch erworbene Ehre gründete. Zum sichtbaren Zeichen dieses Wertesystems wurde die Trophäe, z.B. eine im Kampf gewonnene Rüstung. Die gesamte Gesellschaft gliederte sich in die Haushalte mächtiger Herren, das griechische Gebiet teilte sich in verschiedene Einflußbereiche auf. An etlichen Orten waren diese Herren untereinander gleichrangig, an anderen Orten gab es Unterschiede, die einer Königsherrschaft nahekamen. In dieser Welt ohne feste politische Institutionen bestimmte die *personale Bindung* alle Beziehungen. Nach außen zu anderen Herren konnte sie über Heiratsallianzen und Gastfreundschaft erworben und gefestigt werden. Im Inneren band die *Gefolgschaft* die Abhängigen an den Herrn. Zu Umgangsformen gehörten Gastgeschenke und die Tischgemeinschaft der Krieger. Gerade die Verpflichtung zur freiwilligen Gabe, die für die homerischen Helden und Heldinnen so typisch ist, gehört zu dem auch anderen archaischen Gesellschaften eigentümlichen System des Gabentausches und hat zu der Bezeichnung der homerischen Welt als einer *gift–giving–society* geführt.

Die Gesellschaft der homerischen Epen weist eine Trennung nach geschlechtsspezifischen Umgangsbereichen auf. Das gilt für den Kult ebenso wie für die Arbeit. Dennoch gab es keine Tabuisierung oder gar Erklärung dieser Trennung — etwa dadurch, daß man auf die unterschiedliche Stärke bzw. Wertigkeit der beiden Geschlechter hingewiesen hätte. Im adligen Haushalt kam der Hausherrin das Recht auf Rekrutierung weiblicher, dem Hausherrn das auf Rekrutierung männlicher Arbeitskräfte zu. Die Beziehung der Geschlechter untereinander aber konstituierte sich durch die Webarbeit der Frauen; denn die von ihnen gefertigten Textilien wurden als Gastgeschenke, als Tücher zur Ausschmückung der Lager und der Männerräume, als Segeltücher und als Leichentücher eingesetzt; die weibliche Produktion lieferte also die materiellen Grundlagen für etliche der Umgangsformen, die für diese Gesellschaft bezeichnend waren.

6. Die archaische Zeit (800/750-500)

Die Bezeichnung des Zeitraumes etwa vom 8. Jahrhundert bis zu den Perserkriegen des 5. Jahrhunderts als archaisch entstammt der Kunstgeschichte, die in den Produkten jener Zeit lediglich eine Vorform der als vollendet verstandenen Klassischen Kunst sah. Auch ohne solche Wertung erscheint diese Periodisierung sinnvoll; denn zwischen der Einführung der Schrift und den Perserkriegen zeigt sich nämlich eine Welt mit Strukturmerkmalen, wie sie sich auch in anderen archaischen — d.h. frühen — Gesellschaften nachweisen lassen.

In der archaischen Epoche der griechischen Geschichte verschärften sich die sozialen Gegensätze und führten damit zu einer Reihe von Entwicklungen: Blüte der Tyrannis, Polisbildung, Kolonisation. Es ist aber unmöglich, alle diese Erscheinungen in eine Kette von Ursachen und Wirkungen einzuordnen.

Innerhalb des Adels kam es zu einer Umschichtung, als deren Folge einige adlige Familien an Macht verloren, andere wiederum ihre Einflußmöglichkeiten steigern konnten. Vielerorts rissen einzelne dieser Adeligen die gesamte Macht an sich. Die *Tyrannis* entstand vor allem da, wo eine gütliche Einigung zwischen den verschiedenen Bevölkerungsschichten und ihren Interessen nicht erzielt worden war. Denn auch unter den freien Bauern hatte es Veränderungen gegeben. Einige hatten sich beim Adel verschuldet, andere, wohlhabendere, forderten ihr Mitbestimmungsrecht in einer vom Adel bestimmten Welt ein. Inwieweit diese Entwicklungen mit der Einführung des Münzgeldes gegen Ende des 7. Jahrhunderts zusammenhängen, ist unsicher, da mit den Münzen nicht sofort die anderen Formen des Zahlens in Form von z.B. Vieh oder Eisenstäben verschwanden.

Die *Polis* (Plural: Poleis), der antike Stadtstaat, bildete sich etwa seit dem 7. Jahrhundert heraus. Die Griechen selbst definierten diesen politischen Zusammenschluß weniger über die Örtlichkeit als vielmehr über die Menschen, die ihn bildeten. Der Charakter eines Personenverbandes kommt darin zum Ausdruck, daß sie ihre Poleis beim Namen der Bewohner »die Athener« oder »die Spartaner« und nicht etwa »Athen« oder »Sparta« nannten. Die Größe des Gebietes spielte keine Rolle: Es gab viele Poleis, die kleiner als 100 qkm waren, während Korinth eine Fläche von 880 qkm, Athen von 2650 qkm und Sparta gar von 8400 qkm aufwies.

Die Polis als Gemeinschaft waffenfähiger Bürger bildete sich aus den ursprünglich oft um einen Burgberg, eine befestigte Anhöhe — daher auch der Name Akropolis, Hochstadt —, gelegenen Siedlungen. Durch die sozialen Umschichtungen hatte der Adel auch seine militärische Führungskompetenz eingebüßt. Diesen Wandel zeigte sinnfällig die neue Kampftaktik. An die Stelle der adligen Einzelkämpfer — wie in den homerischen Epen dargestellt — waren die in Reih und Glied angreifenden *Hopliten* getreten. Allerdings wollten nun die mit in die Kämpfe ziehenden Bauern auch an der politischen Entscheidungsfindung beteiligt werden.

Bei den Poleis bildeten sich — bei allen Unterschieden — im wesentlichen zwei Grundtypen heraus: die mehr oligarchisch und die mehr demokratisch strukturierte Polis. Beide faßten die entscheidungsfähigen Bürger in der *Volksversammlung* zusammen, richteten ein beratendes Gremium, den *Rat,* ein und bildeten eine *Beamtenschaft* heraus, deren wesentliche Kennzeichen Rechenschaftspflicht und turnusmäßiger Wechsel waren.

Welche unterschiedlichen Ausformungen die Polis aber annehmen konnte, davon zeugt die Entwicklung Athens und Spartas in der archaischen Zeit: Während Athen dem demokratischen Typ zuzuordnen ist, weist Sparta eher oligarchische Kennzeichen auf, wenn man sich angesichts der spartanischen Doppelmonarchie überhaupt einer solchen Nomenklatur bedienen kann.

Soziale Gliederungsprinzipen waren in den Poleis das Bürgerrecht und der Personenstand. Zur eigentlichen Polisgemeinschaft gehörten nämlich nur die Vollbürger. Von ihr ausgeschlossen waren die Fremden gleich welchen Ranges und die Unfreien. Aber auch das Geschlecht war ein Einteilungskriterium, die Frauen besaßen nur ein passives Bürgerrecht, das sie an ihre Kinder weitergaben, ohne selbst an den Entscheidungsfindungen der Polis teilnehmen zu können. Je nach Gemeinwesen konnte die Bürgerschaft ebenfalls eine starke soziale Differenzierung aufweisen.

Die dritte typische Entwicklung der archaischen Periode ist die *Kolonisation*. Dieser Prozeß der Landnahme im Westen, vor allem auf Sizilien, in Süditalien bis hin nach Südfrankreich, auch Westgriechische Kolonisation genannt, führte zur Bildung selbständiger griechischer Gemeinwesen auf nicht-griechischem Boden nach dem Typ der Polis. Während die ältere Forschung diesen Vorgang mit starkem Bevölkerungsdruck und Landverknappung erklärte, auch wenn demographisches Zahlenmaterial nur für begrenzte Gebiete zur Verfügung stand, werden heute eher periodische Hungerkrisen und der Ausbau des Handels als Ursachen für die Landnahme angenommen.

Tyrannis und Kolonisation
Die Hauptphase der Älteren Tyrannis liegt zwischen 650 und 550. An einigen Orten wie in Athen, wo die Herrschaft der Peisistratiden mit Unterbrechungen von 560 bis 510 andauerte, trat sie allerdings erst später auf. Die Tyrannenherrschaft stellt keine Ausnahmesituation der griechischen Geschichte dar; es gab sie im ganzen griechischen Gebiet, besonders lange aber hielt sie sich im westlichen Siedlungsgebiet, in Sizilien und Unteritalien.

Bereits in der Literatur der klassischen Zeit bildete sich eine feste Topik der Tyrannenschilderung heraus; zu ihr gehörten die Unbeherrschtheit — sexueller Natur — und die Eitelkeit des Tyrannen, seine Geldgier, sein »Paktieren« mit Frauen und Sklaven und sein Schreckensregiment, das auf Bespitzelung ruhte und das Mißtrauen aller gegen alle schürte. Deshalb kommt den staatstheoretischen Schriften des 5./4. Jahrhunderts v. Chr. weniger Quellenwert zu als den literarischen Äußerungen der Zeitgenossen einzelner Tyrannen, wie etwa den Dichtern Archilochos (um 650 v. Chr.), Alkaios (um 600 v. Chr.) und Sappho, und den archäologischen Zeugnissen, z.B. der Bautätigkeit einzelner Tyrannen.

Will man nun die Tyrannis nicht mit der Durchsetzungskraft einer Einzelpersönlichkeit bzw. ihrer Familie erklären, sondern mit den gesellschaftlichen Umschichtungen der archaischen Periode, so stößt man neben wirtschaftlichem Wandel, der Ausdifferenzierung des Adels, dem der Tyrann meistens selbst entstammte, und der Herausbildung der Klasse der Hopliten auch auf spezifisch lokale Gegebenheiten als Ursachen. In Korinth war es wirtschaftlicher Aufschwung, in Sikyon dagegen können ethnische Ursachen angeführt werden, und auf Lesbos schließlich sind es Adelsrivalitäten, die die Tyrannis begünstigten.

Das Leben der Dichterin Sappho zum Beispiel wurde wesentlich durch Folgen der Tyrannis auf Lesbos bestimmt. Sie entstammte einer vornehmen Familie auf der Insel Lesbos, und ihr Vater war vermutlich Mitglied im Adelsrat in Mytilene. Aller Wahrscheinlichkeit nach gehörte er auch der Gruppe Adliger an, die sich unter der Führung des Pittakos zweimal hintereinander gegen einen Tyrannen auf Lesbos wandten, gegen Melanchros und gegen Myrsilos. Beim zweiten Mal jedoch änderte Pittakos seine Politik und paktierte mit dem Tyrannen, so daß eine Reihe adliger Familien ins Exil nach Pyrrha (auf Lesbos) gehen mußte. Zu den Exulanten gehörten Alkaios und wohl auch die damals noch junge Sappho und ihre Familie. Als der Tyrann Myrsilos starb, kehrten die adligen Familien zurück. Allerdings zeigte sich nun bald die Frontstellung der Adelspartei um Alkaios gegen Pittakos, der an die Stelle des Myrsilos getreten war. Es folgte eine erneute Verbannungswelle. Diesmal wurden die Familien aber ausnahmslos an verschiedene Exilorte, alle außerhalb der Insel Lesbos, verbannt; zudem wurde ihr Vermögen beschlagnahmt. Sappho lebte in jenen Jahren, wohl ab 604, auf Sizilien. Ob sie mehr als eine Mitwisserin der Umsturzpläne war, ist umstritten; die Möglichkeit aber, daß das politische Engagement ihres Ehemannes — auch dessen Biographie ist äußerst unsicher — der Grund für die Verbannung war, scheint deswegen wenig überzeugend, weil er von einer anderen Insel gekommen sein soll und daher wohl wenig Interesse an adligen Parteiungen der neuen Heimat gehabt haben dürfte.

Da die Verbannten immer noch Sympathisanten in Mytilene hatten, kam die Insel erst zur Ruhe, als Pittakos 590/589 zum Schiedsrichter gewählt wurde. Sappho und Alkaios waren nun wieder auf Lesbos anzutreffen, das Amt des Schlichters aber übte Pittakos die folgenden 10 Jahre aus, und zwar mit einer derart großen Zustimmung, daß er später in den Kanon der sieben Weisen aufgenommen wurde.

Die Kolonisationsbewegung der Griechen erlebte ihren Höhepunkt von der Mitte des 8. Jahrhunderts bis zum Beginn des 6. Jahrhunderts; geographisch war die Besiedlung vor allem auf das westliche Mittelmeer und auf das Schwarzmeergebiet ausgerichtet.

Bei der Wahl eines Siedlungsplatzes spielten seine strategische Lage — sowohl Verteidigungsmöglichkeiten als auch Handelswege betreffend — und die Qualität des ihn umgebenden Landes eine wichtige Rolle. Welcher der drei für die Kolonisation wichtigen Faktoren *Verteidigung, Handel* und *Land* den Ausschlag gab, ob sie Motive oder Folgen der Gründungen waren, ist schwer zu entscheiden: Ist die Verteidigung der Kolonien ein Betätigungsfeld für den neuen Stand der Hopliten? Ergibt sich die Änderung der wirtschaftlichen Verhältnisse aus der Kolonisation oder ist sie deren Anlaß?

Und schließlich: Bestand wirklich Landknappheit? Wahrscheinlich hat es sich um eine Gemengelage dieser Faktoren gehandelt, wobei für genauere Aussagen jeweils der Einzelfall einer Koloniegründung zu betrachten ist.

Daß der *Landbesitz* in einer nach wie vor agrarisch bestimmten Welt trotz Anfängen von Handel und Handwerk wichtig war und Landnahme daher noch am ehesten als gemeinsamer Grund für die unterschiedlichsten Gründungen gelten kann, zeigt das Werk des böotischen Dichters Hesiod (um 700 v. Chr.), der in seinem Epos »Werke und Tage« die Welt der adligen Heroen verließ und die Probleme einer bäuerlichen Subsistenzwirtschaft darstellte. Bereits der Anlaß des Gedichtes, die Streitigkeiten mit seinem Bruder Perses wegen der ungerechten Teilung des väterlichen Landbesitzes, deutet auf ein Problem damaliger Zeit: die Realteilung.

Die nach Herodot geschilderte Besiedlung Theras und die Gründung Kyrenes machen — trotz unterschiedlicher Erzählstränge und z.T. noch mythischer Tradition — einige Merkmale griechischer Kolonisation deutlich.

Im Falle Theras kann zwar nicht nachgewiesen werden, ob Sparta die Kolonie — wie Herodot beschreibt — wirklich ins Leben rief; dorische Besiedlung ist allerdings belegt. Unabhängig vom mythischen Kern wird aber gerade an der Person des Gründers Theras deutlich, daß es Adlige waren, die die Erstsiedler leiteten, und zwar diejenigen, die in ihrer Heimat »obsolet« waren, sei es wegen fraglicher Abstammung, politischer Mißstimmigkeiten oder aus anderen Gründen. Theras nämlich hatte laut Herodot als Vormund die Regierungsgeschäfte der beiden unmündigen spartanischen Könige geleitet und fühlte sich überflüssig, da die beiden erwachsen waren. Auch der Hinweis, er plane ein friedliches Zusammenleben mit der Urbevölkerung seines Ziellandes, entsprach der Situation in der Frühzeit einer Kolonie. In der Regel umfaßte die Gruppe der Siedler nicht mehr als 200 Männer, so daß sie sich entweder mit der Bevölkerung der Umgebung arrangieren mußten, um Familien gründen und Arbeitskräfte rekrutieren zu können, oder ihre Familien nachkommen ließen.

Auch die zweite, historisch besser nachweisbare Etappe, die Gründung Kyrenes, enthält in der Schilderung Herodots viele typische Merkmale: die bedeutsame Rolle Delphis, eine Hungersnot, Losung der Siedler, Mißlingen des ersten Siedlungsversuches. Neben der Aussage des antiken Historikers gibt es auch noch eine — wenn auch zweihundert Jahre jüngere — Inschrift, die im 4. Jahrhundert im Apollontempel anläßlich der späten Bürgerrechtsverleihung an in Kyrene lebende Theraier deponiert wurde und einen historischen Kern erkennen läßt: Offensichtlich hatten Versorgungsprobleme die Theraier veranlaßt, »offizielle« Schritte zu unternehmen, nämlich zwangsweise Siedler zu entsenden. Durch solch planvollen Akt einer Gemeinde unterschied sich die Gründung einer Kolonie — Apoikia, Wegsiedlung, nannten die Griechen diesen Vorgang — von einem spontan gegründeten Handelsposten. Die Auswahl der Siedler erfolgte per Los, Rückkehr war nur bei völligem Scheitern des Unternehmens möglich. So nennt Herodot auch die vorangegangenen Erkundungstrupps und erzählt, wie die Siedler zuerst die Insel vor dem Festland bewohnten — auf diese Weise ließen sich anfangs Konfrontationen mit den Festlandbewohnern vermeiden —, später folgte die eigentliche Siedlung auf dem Festland.

Die Rolle, die das Orakel von Delphi bei der Kolonisation spielte, steht vor dem Hintergrund einer Welt, in der die sichtbare, allen nachvollziehbare Bestätigung eines wichtigen Vorhabens durch die Götter von großer Bedeutung war. So kam es, daß vor Beginn einer Kolonisation erst ein Orakel aus Delphi eingeholt wurde, und zwar bei Apollon, dem Gott, der seither als einen Beinamen den des Gründervaters, Archegetes, trug. Umstritten ist allerdings, ob der gesamte Prozeß der Kolonisation als ein von Delphi aus gesteuertes Unternehmen verstanden werden kann. Vielmehr ließen wohl griechische Gemeinden vorher von ihnen gefällte Entscheidungen gewissermaßen vom Orakel sanktionieren.

7. Sparta — eine Polis zwischen Mythos und Propaganda

Über zwei griechische Poleis handeln erstaunlich viele Quellen der Antike: über *Athen* und über *Sparta*. Gerade diese beiden Poleis sind aber alles andere als typisch. Insbesondere im Falle Spartas stehen die Quellen in einem Spannungsfeld zwischen Mythos und Propaganda.

Seit seiner Frühzeit, also seit etwa 700 v. Chr., diente nämlich eine bewußte Archaisierung — und Ideologisierung — dem spartanischen Gemeinwesen dazu, sein eigenes System aufrechtzuerhalten. Gleichzeitig wurde Sparta von vielen konservativen Griechen zu einem Eldorado für Nicht–Demokraten stilisiert. Als drittes Moment gesellt sich ein Wechselspiel der Propaganda Athens und Spartas während der »Großmächtebildung« und Frontstellung zwischen diesen beiden Gemeinwesen in der zweiten Hälfte des 5. Jahrhunderts v. Chr. heraus. Dies alles und der Umstand, daß viele der ausführlichen Quellen über die Blütezeit Spartas aus einem beträchtlichen Zeitabstand heraus entstanden sind, gebieten Vorsicht bei ihrer Auswertung, nicht zuletzt auch deswegen, weil der Mythos »Sparta« in der Rezeptionsgeschichte oft mißbraucht worden ist — wie beispielsweise in der nationalsozialistischen Ideologie.

Die Rhetra des Lykurg und die spartanische Verfassung
Daß schon in der Antike über die Person des *Lykurg* Unsicherheit herrschte, gibt sogar sein Biograph Plutarch (1. Jhd. n. Chr.) zu. So bewegen sich die entsprechenden Angaben über die Lebensdaten des Gesetzgebers zwischen dem 11. und dem 8. Jahrhundert. Aus heutiger Sicht muß man das Sich-Berufen auf Begründer eines Gemeinwesens, einer staatlichen Ordnung, dem antiken Umgang mit Geschichte zuweisen, bei dem ein personales Erklärungsmuster vorherrschte. Ein Verständnis im Sinne eines Strukturwandels oder eines Prozesses der Institutionenbildung ist nicht antik.

Es scheint jedoch, daß — abgesehen von der sagenhaften Person des Lykurg — dem bei Plutarch überlieferten Text der *Rhetra*, der spartanischen Verfassung, ein historischer Kern zugrunde liegt. Danach ist es in Sparta wohl gegen Ende des 8. Jahrhunderts zu gesellschaftlichen Veränderungen gekommen. Das gewachsene Selbstbewußtsein der Hopliten erzwang eine Kompetenzabgrenzung zwischen dem aristokratischen Ältestenrat, der Gerousia, und der Volksversammlung, der Apella. Zwei wesentliche Momente sind die regelmäßige Zusammenkunft der Apella und der Mehrheitsbeschluß bei der Entscheidungsfindung in der Gerousia.

Zu den Aufgaben der *Apella* gehörten die Entscheidungen über Krieg und Frieden, Gesetze, Bündnisverträge sowie die Wahl der Oberbeamten. Sitz und Stimme hatten in diesem Organ die vollberechtigten Bürger Spartas, die *Spartiaten,* deren Zahl um 490 v. Chr. wohl 8000 betrug. Auch wenn diese Zahl später kleiner war, wird an ihr deutlich, warum die in der antiken Staatstheorie gewählte Bezeichnung Spartas als Oligarchie nicht völlig greift: Das »Volk« Spartas entsprach zwar nicht der Gesamtbevölkerung, umfaßte jedoch mehr Mitglieder als nur einige Adlige.

Kann man diese Einrichtung der Apella noch mit anderen Volksversammlungen des griechischen Raumes vergleichen, so fällt das spartanische *Doppelkönigtum* völlig aus dem Rahmen. Vielleicht handelt es sich hierbei um einen Fortbestand lokaler Macht aus der Zeit vor dem spartanischen Synoikismos (Zusammensiedlung), was aber noch nicht die Zweizahl erklärt, da Sparta schließlich aus 5 Dörfern entstand. Jeweils der älteste Sohn zweier spartanischer Familien, der Agiaden und der Eurypontiden — beide Familien leiteten ihren Stammbaum von Söhnen des Herakles ab —, trat das erbliche Amt des Königs an. Zu den Privilegien dieses Amtes gehörten u.a. die Befreiung von der spartanischen Erziehung und das Anrecht auf die größten Ehrungen bei Opfern und Festmahlen. Aufgrund ihrer Aufgaben als Feldherren hat Aristoteles vom Königtum in Sparta als einem erblichen Feldherrenamt auf Lebenszeit gesprochen.

Die fünf spartanischen Oberbeamten, die *Ephoroi* (Aufseher), wurden für ein Jahr gewählt und erfüllten im wesentlichen Kontrollaufgaben. Ihnen oblag auch die Rechtssprechung; darunter waren Überwachung der Jugenderziehung, Strafgerichtsbarkeit sowie Kontrolle von Funktionsträgern — auch der Könige — und ihre Arbeit als Fremdenpolizei zu rechnen. Zu weiteren Aufgaben gehörten der Vorsitz in der Volksversammlung einschließlich einer Überwachung der Ausführung der dort gefaßten Beschlüsse, die Beratung und Vertretung der Könige — so begleiteten zwei Ephoren die Könige auf den Feldzügen — und die Aufsicht im Finanzbereich.

Der Ältestenrat, die *Gerousia,* ging aus dem Adelsrat des Königs hervor. Daher zählten neben seinen 28 Geronten auch die beiden Könige zu ihm. Die Geronten waren angesehene Spartiaten, die mit 60 Jahren in dieses Gremium aufgenommen wurden und bis zu ihrem

Tode Mitglied blieben. Darüber, wer beim Tode eines Geronten in die Gerousia nachrückte, entschied die Volksversammlung. Die Aufgabe der Gerousia bestand vornehmlich in der Vorbereitung der Tagesordnung der Volksversammlung; diese hatte nur das Recht zur Zustimmung oder Ablehnung, nicht zur Diskussion der Anträge der Geronten. Außerdem diente dieses Gremium als Gerichtshof für Kapitalverbrechen.

Die spartanische Gesellschaft
Charakteristikum der spartanischen Gesellschaft ist die Ausrichtung des Lebens auf das Militärische. Eine adlige Kriegerethik wurde auf eine größere Gruppe von Bürgern ausgedehnt, auf die Spartiaten, die als »Berufskrieger« ihrem Training nachgingen. Dafür war ihnen wirtschaftliche Betätigung jeglicher Art untersagt. Da sie aber ein Landlos (Klaros), das jedem Spartiaten zugeteilt wurde, zu bewirtschaften hatten, um die Beiträge zur Erhaltung ihrer Familien und zur Tischgemeinschaft der Krieger, der *Syssitia,* – war doch die Vollbürgerschaft an die Teilnahme geknüpft – aufzubringen, bedurfte es anderer, die diesen Tätigkeiten nachgingen. Während die Heloten die Güter der Spartiaten bewirtschafteten, betrieben die Periöken vor allem Handel und Handwerk.

Als *Periöken* wurden die Bewohner der Peloponnes bezeichnet, die zwar ihre Gemeinden selbst verwalteten, aber dennoch den politischen Organen der Polis unterstellt waren. Die Gebiete der Periöken waren in der Regel unfruchtbarer als das Land der helotisierten Bevölkerung, so daß sie aus diesem Grunde für Sparta weniger interessant waren.

Die Periöken konnten neben Handel und Handwerk – vermutlich stellten sie die Waffen für Sparta her – auch ihr eigenes Land bewirtschaften. Abgaben hatten sie nicht zu leisten. Ihre Verpflichtung bestand in der Heeresfolge. Dem spartanischen Selbstverständnis zufolge bestand die Gemeinschaft der *Lakedämonier* aus den Spartiaten und den Periöken, was aber nicht die Beteiligung der Periöken an den Organen der Polis Sparta bedeutete. Dennoch gab es zwischen beiden Gruppen nur selten Konflikte. So kam das Ende der spartanischen Periökie erst mit der römischen Herrschaft um 195 v. Chr.

Die Helotie hingegen betrifft die kollektive Unterwerfung der Bewohner zweier Landschaften auf der Peloponnes, nämlich Lakoniens und Messeniens. Die Stellung der unterworfenen Bevölkerung bewegte sich zwischen Staatsklaverei und Privatsklaverei. Einerseits gehörten die *Heloten* der Gemeinschaft der Spartiaten an, andererseits lebten sie auf dem Landlos eines einzelnen Spartiaten. Ihre Arbeit verrichteten sie somit für einen individuellen Herrn. Zur Eigenversorgung stand der Helotenfamilie ein kleines Stück Land zur Verfügung. Besonders die relativ spät unterworfenen Messenier erhoben sich immer wieder gegen die Herrschaft der Spartiaten, so in den großen Helotenaufständen des 7. Jahrhunderts und 464 v. Chr.

Überwacht wurden die Heloten durch junge Spartiaten, die Kryptoi. Diese vormilitärische Gruppe durfte diejenigen Heloten töten, die des Nachts angetroffen wurden. Die Furcht vor Helotenaufständen war in Sparta so groß, daß beispielsweise einige Bündnisverträge Spartas auch die Verpflichtung zur Hilfeleistung gegen die Heloten als Klausel enthielten und eine Vorschrift den in den Krieg eingezogenen Heloten Zugang zu Angriffswaffen verbot.

Die *Spartiaten* sahen sich selbst als Gemeinschaft der Gleichen. Dahinter stand die Vorstellung, daß die bei der Landaufteilung durch die Helotisierung Lakoniens und Messeniens entstandenen Landlose gleich groß waren und keine Differenzierung innerhalb des Heeres stattgefunden hatte, alle Bürger also militärisch gleichwertig waren. In Wirklichkeit gab es jedoch trotz des propagierten sparsamen Lebens etliche reiche Familien, neben den beiden Königsfamilien vor allem einige alte Adelsfamilien. Hinzu kam, daß es auch durch Erbgänge, bei denen das Landlos einer alleinerbenden Tochter mit dem ihres Mannes zusammengelegt worden war, zu Landkonzentration gekommen war.

Die *Agoge,* die spartanische Erziehung, begann für jeden jungen Spartiaten bereits im Alter von 7 Jahren. Dann nämlich mußte er seine Familie verlassen, um bis zum 20. Lebensjahr eine Reihe von Erziehungsstufen in einer Gruppe Gleichaltriger zu durchlaufen. Zu den Lerninhalten gehörte neben Sport, paramilitärischen Übungen und Musik auch die Beredsamkeit; oberstes Lernziel war die Verinnerlichung von Disziplin.

In einem Alter von zwanzig Jahren wurde der junge Spartiat dann in den Bürgerverband aufgenommen und war Mitglied in einer Gruppe erwachsener Männer, mit der er bis zu seinem 30. Lebensjahr zusammenlebte, speiste und trainierte. Aber auch danach war er diesem Kreis noch durch die gemeinsamen Mahlzeiten, Jagen oder sportliche Aktivitäten verpflichtet. Außerdem überwachte er die Erziehung der Jungen und mußte politischen Aufgaben nachgehen. Obwohl er mit zwanzig Jahren verpflichtet war zu heiraten, suchte er seine Frau in den ersten zehn Jahren der Ehe nur selten auf.

Grund für diese Lebensform waren sicherlich die für eine griechische Polis ungewöhnliche Größe des spartanischen Territoriums, die ständige Bedrohung durch zwei Gegner auf der Peloponnes, nämlich Achaia und Argos, sowie die Heloten. Dieser Staat befand sich in ständiger Alarmbereitschaft. So begann sich auch seit dem Ende der spartanischen Expansion auf der Peloponnes um die Mitte des 6. Jahrhunderts ein Wandel in Kunst und Kultur abzuzeichnen, der dazu führte, daß Sparta, das in seiner Frühzeit durchaus über bedeutende Künstler verfügt hatte, den Anschluß in der Weiterentwicklung des Geisteslebens verlor. Das darf jedoch nicht dazu verleiten, Sparta als reinen Militärstaat zu beurteilen, da das politische Leben nach wie vor ein Teil dieser Polis war.

Die besondere Form des spartanischen Familienlebens und die Prinzipien der spartanischen Mädchenerziehung hatten schon Aristoteles veranlaßt, von einer spartanischen *Gynäkokratie* (Frauenherrschaft) zu reden.

Tatsächlich spielten das sportliche Training, Gesang und Tanz in der spartanischen Mädchenerziehung eine große Rolle. Die spartanischen Frauen verfügten sicherlich aufgrund der häufigen Abwesenheit ihrer Männer über eine relative Unabhängigkeit, eine politische Mitbestimmung schloß diese aber nicht mit ein. Die Situation der spartanischen Frauen stellt allerdings keineswegs den Sonderfall dar, von dem sich das Leben der Frauen in den übrigen griechischen Poleis, besonders in Athen, dadurch abhob, daß diese in Zurückgezogenheit und Abhängigkeit lebten. Einerseits beruht dieses Bild von Ausnahme und Regel auf der bereits in der Antike nicht wertfreien Gegenüberstellung von Athen und Sparta, andererseits hat die jüngste Forschung gezeigt, daß die Einschätzung der Lage der Athenerinnen korrekturbedürftig ist.

8. Athen — eine Polis auf dem Wege zur Demokratie

Auch in Bezug auf die Geschichte Athens in der archaischen Zeit ist die Quellenlage schwierig. Viele Ereignisse des 6. Jahrhunderts sind nur durch Quellen des späten 5. und 4. Jahrhunderts belegt, insbesondere durch staatstheoretische Schriften. Diese sind jedoch insofern tendenziös, als in ihnen das Bemühen aufscheint, eine »demokratische« Frühgeschichte Athens zu rekonstruieren.

Für die Zeit zwischen 800 und 700 läßt sich in Attika eine Zunahme von Gräbern nachweisen, woraus auf ein Bevölkerungswachstum geschlossen wird. Als *Zentrum* Attikas gewann in jener Phase Athen an Bedeutung. Einerseits scheinen infolge dieser Schwerpunktbildung die Aristokraten in Konkurrenz zueinander getreten zu sein und versucht zu haben, auf Kosten abhängiger Bauern ihre Position zu stärken. Andererseits bestimmten aber auch die Bauern ihr Verhältnis zu den Adligen besonders durch ihre gewandelte Rolle im Heerwesen neu: Formen der Abhängigkeit wurden nun als drückend empfunden. Hinzu kommt, daß in der Stadt selbst eine Spezialisierung in Handel und Handwerk stattfand, während das Hinterland agrarisch–konservativ blieb. In dieser Situation sozialer Spannungen trat Solon als Schlichter auf.

Solonische Reformen
Das Reformwerk *Solons* ist durch Zitate späterer Autoren bekannt, die sich sowohl auf Solons Lyrik als auf seine Gesetze beziehen. Wahrscheinlich konnten diese Gesetze, die auf Holzstäbe — ihrerseits drehbar innerhalb eines Rahmens — geschrieben waren, bis ins dritte vorchristliche Jahrhundert eingesehen werden, so daß die späteren Autoren, wie der Verfasser der »Athenaion politeia« (Staat der Athener), vielleicht Aristoteles, sie wohl noch benutzt haben. Die solonischen Gesetze enthalten zwar an einigen Stellen verfassungsrechtliche Bestimmungen, sind aber nicht mit einer modernen Verfassung gleichzusetzen. Es geht vielmehr um Konfliktregelung im Bereich der privaten und öffentlichen Straftaten, des Familienrechtes, der sozialen Auseinandersetzungen, des Kultus, des Prozeßrechtes. Aus dem Gebiet des Verfassungsrechtes stammen die Bestimmungen über den Zensus und das Bürgerrecht. Wie die Gesetze gegliedert waren, ist nicht mehr nachvollziehbar. Der Verfasser des »Staates der Athener« teilte das Reformwerk Solons in drei Schritte auf: Seisachtheia, Münzreform und Nomothesia.

Solons soziale Reformen wurden in der Antike als *Seisachtheia,* Lastenabschüttelung, bezeichnet. Sicher ist, daß er eine Verordnung gegen die Schuldknechtschaft erließ. Was aber der antike Begriff der Seisachtheia darüber hinaus bedeutet, wird unterschiedlich beurteilt.

Einer Theorie zufolge gab es zwei Formen der Abhängigkeit, die sich aus wirtschaftlichen Schwierigkeiten der Landbevölkerung infolge von Landknappheit oder Bodenerschöpfung ergaben. Bei der *Schuldsklaverei* verpfändete der Schuldner seine Arbeitskraft und mußte dann entweder für den Gläubiger arbeiten oder wurde von ihm verkauft. Der Hektemoros, der Sechstellöhner, hingegen lieferte den sechsten Teil seiner Ernte an den Gläubiger ab und konnte weiterhin auf seinem Land leben. Zeichen seines Abhängigkeitsverhältnisses war der Grenzstein, Horos. Erst durch weitere Verarmung geriet dann der Sechstellöhner auch in die Schuldsklaverei. Demnach bestünde Solons Reform in einer Emanzipation der Schuldsklaven und einer Schuldentilgung, wobei aber offenbleiben muß, wie eine solche Schuldentilgung aussah, da Münzprägung in Athen erst eine Generation nach Solon nachzuweisen ist.

Eine andere Richtung versteht die Lastenabschüttelung als eine Form der Auflösung bestimmter Klientelverhältnisse zwischen Aristokraten und Bauern. Demnach war das Abhängigkeitsverhältnis für die Reichen eine Möglichkeit, Arbeitskräfte zu rekrutieren: Bauern besaßen Land unter der Bedingung, daß sie Abgaben in Form von Arbeit und Naturalien leisteten. Soziale Unruhe sei dadurch aufgekommen, daß bestimmte Aristokraten das Hektemoros-System überstrapaziert und das Land säumiger Pächter für sich beansprucht hätten.

Sicher ist lediglich, daß Solons Maßnahmen die Reaktion auf eine Agrarkrise darstellten und daß sie jeglicher Abhängigkeit, sei es nun in Form von Abgaben oder von Arbeit, athenischer Bürger ein Ende bereiteten.

Die Einteilung der Bürgerschaft in vier Zensusklassen, nämlich in die Pentakosiomedimnoi (500-Scheffler), die Hippeis (Ritter), die Zeugiten (die im Joch = Glied der Phalanx stehen) und die besitzlosen Theten — nach einer Staffelung der jährlichen Erntemenge von 500, 300, 200 Scheffeln für die obersten drei Klassen — ist als Beweis für die Errichtung einer *timokratischen Ordnung* durch Solon interpretiert worden, in der Besitz alte aristokratische Prinzipien bricht. Dagegen ist jedoch eingewandt worden, daß derartige Abstufungen einen bürokratischen Apparat voraussetzen, den es zu jener Zeit in Athen noch nicht gab. Anhänger dieser Richtung interpretieren die Stufung als ein Abbild der Stellung der einzelnen im Heer, wobei danach lediglich die Gruppe der Pentakosiomedimnoi als besonders reich aus der Gruppe der Ritter herausgehoben worden sei.

B Basiswissen

Des weiteren ist die Errichtung einer *Boule der 400* durch Solon umstritten, einige deuten sie als eine Maßnahme, der Vertretung des Adels, dem *Areiopag*, ein Gegengewicht zu schaffen. Ob erst durch Solon die Theten Zugang zur *Ekklesia,* der Volksversammlung, erhielten und ob tatsächlich alle Klassen, ausgenommen die Theten, zum *Archontat* — Archonten hießen die athenischen Oberbeamten — zugelassen waren, muß offenbleiben. Vermutlich hat aber die Abschaffung der Schuldknechtschaft zu einer höheren Partizipation der Bürger an der Ekklesia und damit zu ihrer Aufwertung geführt.

Weitere Neuerungen waren das Volksgericht, *Heliaia*, dessen genaue Verfahrensmodalitäten nicht zu erschließen sind, das aber als Berufungsinstanz für den Einzelnen gegen die Entscheidung eines Beamten eine Kontrolle der Beamten darstellte, und die Popularklage, wonach jeder Bürger Straftaten anzeigen konnte.

Die Reformen des *Kleisthenes* stellen die nächste Etappe der institutionellen Weiterentwicklung Athens dar. Im Jahre 508 kam es bei den Beamtenwahlen zu einer Polarisierung innerhalb des Adels. An der Spitze der beiden Gruppierungen standen Kleisthenes, der einer der führenden Familien Athens, den Alkmaioniden, entstammte, und *Isagoras,* dessen Herkunft unbekannt ist. Wohl bereits kurz nachdem Isagoras für das Jahr 508/507 für das Archontat gewählt worden war, trat Kleisthenes mit Reformvorschlägen auf, was dazu führte, daß Isagoras Hilfe aus Sparta holte und Kleisthenes samt seiner Anhängerschaft Athen verlassen mußte. Als aber Isagoras den Rat der 400 auflösen wollte, kam es zu einer Erhebung gegen ihn und den nach Athen gerufenen spartanischen König Kleomenes. Nun konnte Kleisthenes sein Reformwerk durchsetzen.

Die Ordnung des Kleisthenes beruhte auf einer Neueinteilung der *Phylen* (»Stämme«) Attikas auf der Grundlage von *Demen* (Gemeinden) und *Trittyen* (Dritteln). Eine Phyle setzte sich aus drei Trittyen zusammen, von denen jeweils eine Küstenland, eine Binnenland und eine Stadtgebiet war. Die Trittyen wiederum bestanden aus den Demen, die man als lokale Selbstverwaltungseinheiten bezeichnen kann. Hier waren die Bürger in die Gemeindelisten eingetragen, und hier fand auch entsprechend zur Größe der Gemeinde die Auswahl der Bürger statt, die im neuen *Rat der 500* saßen. Erst in späterer Zeit wurden diese Bürger per Los bestimmt.

Die Zahl der Phylen betrug insgesamt zehn, die der Trittyen dementsprechend dreißig. Es gab 139 Demen, von denen unterschiedlich viele — im Verhältnis zu ihrer Größe und Bürgerstärke — eine Trittye bildeten. Jede Phyle, die z.T. aus sehr weit auseinandergelegenen Trittyen zusammengesetzt sein konnte, entsandte 50 Vertreter in den Rat der 500. In klassischer Zeit fungierten dann jeweils 50 Vertreter einer Phyle für ein Zehntel des Jahres als geschäftsführender Ausschuß (Prytanie) des Rates, und zwar nach einer vorher per Losverfahren festgesetzten Reihenfolge. Der Vorsitzende des Ausschusses wechselte täglich.

Die vierte Klasse der Bürgerschaft, die Theten, war zur Zeit des Kleisthenes wohl noch nicht ratsfähig. Ansonsten durften die Ratsmitglieder nicht länger als ein Jahr amtieren und in ihrem gesamten Leben insgesamt nur zweimal diese Funktion übernehmen.

Aufgabe des Rates war es, die Anträge für die Volksversammlung vorzubereiten. Ob bereits Kleisthenes dem Rat das Scherbengericht, den Ostrakismos, über einen aus der Bürgerschaft auszuschließenden Bürger übertrug, ist unklar. In späterer Zeit wurde in der Volksversammlung, und zwar unter dem Vorsitz der Archonten und Ratsmitglieder, über einen solchen Ausschluß abgestimmt.

Durch dieses Gliederungsprinzip wurde zum einen eine Grundlage für die militärische Organisation der Bürgerschaft geschaffen; auf den zehn Phylen basierten nämlich auch die Regimenter. Zum anderen gewährleistete das System der Trittyen eine stärkere Einbeziehung der nicht-städtischen Bevölkerung in das Leben der Polis. Das Rotationsprinzip bei der Arbeit des geschäftsführenden Ausschusses sowie der Ostrakismos verhinderten überdies, daß einflußreiche Adlige innerhalb der Polis eine Art Hausmacht errichten konnten. Größere Teile der Bevölkerung bildeten gerade durch ihre Einbindung in den Rat ein Gegengewicht gegen die sicher immer noch einflußreichen adligen Familien, deren Vertreter von nun an die Zustimmung der Volksversammlung und des Rates gewinnen mußten.

Breite Bevölkerungskreise stellten sich hinter das Reformwerk des Kleisthenes, weil sie ein Interesse besaßen, an der politischen Entscheidungsfindung ebenso wie die einflußreichen Adligen mitzuwirken. Aus welchen Gründen Kleisthenes, der selbst einer solchen adligen Familie entstammte, diese Maßnahmen einleitete, ist nicht geklärt.

War diese Reform nun ein Schritt zur Demokratisierung? Vom antiken Begriff »Demokratie«, der erst in klassischer Zeit aufkam, trennt dieses System vor allem die noch existierende Ungleichheit der Bürger, was Ratsfähigkeit und Zulassung zum Archontat angeht. Wichtig aber ist die größere Beteiligung der männlichen Vollbürger an der politischen Entscheidungsfindung, wenngleich auch in der Folgezeit die Athenerinnen sowie die Sklaven und die Fremden beiderlei Geschlechts aus diesem System ausgeschlossen blieben.

Zwar ist der Begriff des *Metöken* urkundlich nicht vor 460 v. Chr. nachzuweisen, und die Informationen der Quellen dazu werden erst ab der klassischen Zeit umfassender. Es bietet sich aber an, dieses Phänomen bereits unter der archaischen Zeit Athens abzuhandeln, weil es seit den solonischen Reformen zwei gegenläufige Tendenzen in Athen gab. Auf der einen Seite partizipierten immer größere Gruppen am politischen Leben der Polis — in weit höherer Zahl als in Sparta beispielsweise. Auf der anderen Seite grenzten die Bürger sich mehr und mehr von den Nicht-Bürgern ab, ein Prozeß, der bis zur Bürgerrechtsgesetzgebung des Perikles (451/50) zu verfolgen ist. Kinder aus Verbindungen zwi-

Basiswissen

schen Bürgern und Metökinnen bzw. umgekehrt besaßen kein Bürgerrecht.

Es gab eine Reihe Verpflichtungen für diese nichtathenischen Mitbewohner. Sie mußten im Gegensatz zu den Bürgern eine Art Kopfsteuer, das Metoikion, entrichten. Es betrug jährlich 12 Drachmen für den Metöken und 6 Drachmen für die alleinstehende Metökin. Vergleicht man diese Werte mit dem Lohn von einer Drachme pro Tag, der für die Zeit der Errichtung des Erechtheions (409/8-407/6) überliefert ist, und zwar gleichermaßen für Bürger, Metöken und Sklaven, so erscheint die Summe vergleichsweise gering. Daher ist die Zahlung als Symbol zur Abgrenzung der Metöken von den Bürgern gedeutet worden. Bei Nichtzahlung drohte allerdings als Strafe der Verkauf in die Sklaverei. Wahrscheinlich mußten die Metöken auch noch eine Fremdensteuer zahlen, und um auf der Agora, dem Marktplatz, Handel treiben zu dürfen, waren sie gezwungen, eine Art Marktsteuer zu entrichten. Jeder Metöke benötigte einen Patron (Prostates) aus den Reihen der athenischen Bürger, um unter Beifügung von dessen Namen in die Liste des entsprechenden Wohnbezirks eingetragen zu werden und so überhaupt erst das Wohnrecht zu erwerben. Durch diesen Patron mußte er sich auch vor Gericht vertreten lassen. An weiteren Verpflichtungen hatten reiche Metöken wie reiche Athener Liturgien, d.h. Verpflichtungen zur Übernahme öffentlicher Kosten wie der Ausstattung eines Ruderschiffes, zu leisten. Unterschiedslos alle Metöken konnten für den Dienst in bestimmten Abteilungen des Heeres oder als Ruderer herangezogen werden.

Verwehrt waren den Metöken sämtliche politischen Rechte der Polis Athen sowie das Recht, in die Bürgerschaft einzuheiraten. Weder durften sie Grundbesitz noch Häuser in Athen erwerben, wodurch sie sich erheblich von den Perioken Spartas unterschieden, die als homogene Gruppe in ihren eigenen Gemeinden lebten und dort sehr wohl Grundbesitz hatten. Aufgrund dieser Einschränkungen betrieben die Metöken Athens hauptsächlich Handwerk, Handel und Geldgeschäfte. Die Metökie existierte nicht nur in Athen, sondern in ähnlicher Form auch in anderen griechischen Poleis.

Der Grund, warum die Polis ein Interesse an der Anwesenheit der Metöken hatte, liegt sicher in deren wirtschaftlichen Aktivitäten. Die Metöken wiederum mußten sich dort niederlassen, wo sie ganzjährig Handel und Handwerk nachgehen konnten. Man könnte das gesamte Phänomen mit dem der heutigen Gastarbeit vergleichen.

9. Die Griechen und die anderen Völker

Ursprünglich hatte der Begriff des »Barbaren« wohl noch keine abwertende Bedeutung, sondern bezeichnete einen Menschen, der sich, statt griechisch zu sprechen, einer anderen Sprache bediente und deshalb in den Augen der Griechen unverständliche Laute von sich gab (»bar–bar«). Die Griechen der klassischen Zeit teilten die Menschen in »Hellenen« und »Barbaren« ein und brachten schon in dieser Unterscheidung ihr eigenes Überlegenheitsgefühl gegenüber Fremden zum Ausdruck.

Der Gegensatz zwischen griechisch und nicht–griechisch Sprechenden verschärfte sich durch die Auseinandersetzungen mit den Persern, die in die Perserkriege mündeten. Von ihrer geographischen Herkunft her zählten zwar alle Völker der bekannten Welt zu »Barbaren«, die »Barbaren« schlechthin waren aber nun die Perser. »Barbaren« galten in der klassischen Zeit als unfrei, als Sklaven, ungebildet, feige, grausam und gewalttätig. Eine Tendenz, alles Fremde nach extrem negativen Eigenschaften zu nivellieren, ist deutlich erkennbar. Damit waren Versuche des Verständnisses von Fremdem und Fremden blockiert.

In hellenistischer Zeit setzte sich dagegen ein anderes Verständnis durch: Barbaren wurden nun eher als gleichwertige Menschen angesehen, teilweise sogar als besonders heldenhaft idealisiert. Als Beispiel können die Auffassungen des griechischen Gelehrten Eratosthenes dienen (siehe »Alexander und Hellenismus«).

10. Die Griechen und ihr Verständnis von Arbeit

Arbeit als solche besaß bei den Griechen zur klassischen Zeit nicht nur in der attischen Polis keinen positiven Stellenwert. Arbeiten zu müssen wurde als notwendiges Übel angesehen, und nur, wer von körperlicher Arbeit frei war, galt als edel. Diese Auffassung konnte sich natürlich nur eine Oberschicht zu eigen machen, die wirtschaftlich weitgehend unabhängig war und z.B. von den Einkünften ihrer Ländereien ihren Lebensunterhalt angemessen bestreiten konnte. Dieses Frei-Sein von Arbeit ermöglichte es ihr, einen maßgeblichen Beitrag zur Ausgestaltung des Zusammenlebens in der Polis zu leisten. Sowohl Aristoteles wie auch Platon betonten, daß Muße zur »Ausbildung von Tugend« und zur Beteiligung an den Staatsgeschäften unabdingbar sei.

Hoch angesehen in der Hierarchie der Berufe waren unabhängige Grundbesitzer, nicht zuletzt deshalb, weil man die Landwirtschaft als etwas Naturgegebenes ansah und eine solche Arbeit traditionell schon lange Zeit ausführen mußte. Ein ähnlich hohes Ansehen hatte noch das Kriegshandwerk. Diese Gruppen gehörten in der Regel auch der höchsten sozialen Schicht an.

Ein Unterschied zwischen Stadt und Land muß ebenfalls angenommen werden. Bezogen auf Attika kann man sagen, daß in der Stadt eine Spezialisierung des Handels und des Handwerks stattfand, während das agrarisch geprägte Hinterland in den herkömmlichen Tätigkeiten verharrte. Allenfalls wurden noch freie Bauern geachtet, während alle sonstigen Arbeiten, bei denen man »Hand anlegen« mußte, grundsätzlich als eines ehrenhaften Mannes »unwürdig« galten.

Dies hatte im wesentlichen zwei Gründe: Die Abhängigkeit eines Arbeitenden vom Arbeitgeber entsprach nicht dem griechischen Ideal der Selbstbestimmung, und außerdem mußten Handwerker nicht selten unter schlechten äußeren Bedingungen wie Lärm, Schmutz, Dunkelheit ihre Tätigkeit verrichten. Das Produkt der körperlichen Arbeit, beispielsweise ein handwerkliches Erzeugnis, erfreute sich zwar großer Wertschätzung, trug aber nicht zur Hebung des Ansehens des Produzenten bei. Platon stellte die Diskrepanz zwischen der Idee und der Ausführung (Wesensbild: geschaffen durch Gott — Werkbild: geschaffen durch den Handwerker — Nachbild: geschaffen durch den Maler) in seinen ästhetischen Theorien mehrfach heraus (vgl. Platon, Politeia, 10, 597 a-c). In diesem Sinne kam dem Philosophen denn auch ein weit höherer Rang zu als dem Handwerker, der eine Idee nur höchst unvollständig abbilden könne.

Unentbehrliche Arbeitskräfte für die Griechen waren die Sklaven, die in einem noch viel höheren Maße die Unfreiheit verkörperten als die körperlich arbeitenden Freien (und unfrei auch im rechtlichen Sinne waren, obwohl manche von ihnen durchaus wohlhabend sein konnten). In manchen Produktionszweigen, z.B. im Bergbau, gab es kaum freie Arbeitskräfte, sondern fast ausschließlich Sklaven. Auch als häusliche Arbeitskäfte waren diese unentbehrlich.

Der Bergbau ist der Tätigkeitsbereich, der am deutlichsten die Grausamkeit erkennen läßt, die in bestimmten Gruppen der antiken Gesellschaft herrschte. Antike Berichte über die unmenschlichen Arbeitsverhältnisse sind wohl kaum übertrieben. Auch Frauen arbeiteten als Bergwerkssklavinnen; die hauptsächliche weibliche Arbeit war jedoch die Organisation des häuslichen Lebens, für Bäuerinnen kamen noch manche Bereiche der Landwirtschaft hinzu (zur Stellung der Frauen in Athen siehe ausführlicher das folgende Kapitel).

Zur Überlieferung ist anzumerken, daß die Stimmen der körperlich Arbeitenden selbst weitgehend fehlen. Aus Grab- und Weiheinschriften können aber immerhin einige Hinweise entnommen werden, die andeuten, daß der körperlich arbeitende Mensch seine Leistungen durchaus positiv bewertete.

11. Beispiele städtischen Lebens — Athen zur Zeit des Perikles

Seit 461 v. Chr. bestimmte Perikles kontinuierlich die politischen Geschicke der attischen Polis mit. Von 443 bis 431 v. Chr. wurde er alljährlich als Stratege wiedergewählt. Das Athen zu seiner Zeit gilt als »vollendete Demokratie«, in der die Volksversammlung das Recht und die Macht besaß, sämtliche politischen Entscheidungen zu treffen. Die Gefahr der Demagogie lag dabei jedoch nahe — so kann Perikles, der aufgrund der Unterstützung des Volkes lange Zeit die Regierung führte, in dieser Hinsicht durchaus zwiespältig beurteilt werden.

Zwar konnten unter Perikles auch die Besitzlosen (Theten) die Volksversammlung besuchen und politische Ämter bekleiden, sofern sie Vollbürger waren, da für ihre Teilnahme Tagegelder gezahlt wurden. Allerdings wurde gleichzeitig diese Gruppe immer exklusiver und für Fremde schwerer zugänglich. Bis zur Bürgerrechtsgesetzgebung des Perikles aus dem Jahre 451/50 hatte es genügt, einen athenischen Vater zu haben, um Bürger zu sein — ab 451 v. Chr. erhielten nur noch diejenigen das Bürgerrrecht, deren beide Elternteile Athener waren.

Frauen waren vom Bürgerrecht vollkommen ausgeschlossen. Der Sphäre der Polis stand die des Oikos, des Haushalts, gegenüber, in der den Frauen die entscheidenden Funktionen zukamen. Der Sphäre des Weiblichen wurde damit ein eigener, von der Sphäre des Mannes weitgehend getrennter Raum zugewiesen. Der Mann betätigte sich im öffentlichen Leben, die Frau sollte für die Nachkommenschaft sorgen und eine gute Haushälterin sein.

Der Handel war ein Hauptfaktor für den Reichtum und die Macht der Stadt Athen. Handel wurde mit vielerlei Produkten getrieben, z.B. mit Wein, Olivenöl, Tongefäßen und anderen handwerklichen Erzeugnissen. Der gesamte Ägäishandel war in Piräus zentralisiert, wobei eine besondere Bedeutung dem Getreidehandel zukam. Athen bemühte sich erfolgreich, durch seine Flotte die Seewege aus den Getreideausfuhrgebieten (Ägypten, Sizilien und Schwarzmeerküste) zu kontrollieren (und damit den Getreideimport zu monopolisieren).

Daß Athen diese starke Stellung im Handel erreichen konnte, lag nicht zuletzt daran, daß es die führende Position im Delisch-Attischen Seebund innehatte. Waren während der Perserkriege die Mitgliedstaaten noch gleichberechtigt gewesen, so erlangte Athen schließlich die Hegemonie, was sich nicht zuletzt darin zeigte, daß die Bundeskasse von Delos nach Athen gebracht wurde. Die Hegemonie Athens ist auch daraus ersichtlich, daß die Stadt ihre bauliche Ausgestaltung aus dem Geld der Bundeskasse bezahlte.

12. Die Ausbreitung des Griechentums in der östlichen Mittelmeerwelt

Makedonien, im Norden Griechenlands gelegen, machte auf die Griechen wohl eher den Eindruck des Wilden, Barbarischen. Makedonien war keine demokratische Polis, sondern noch im 4. Jahrhundert ein Heereskönigtum (mit Königswahl, Heeresversammlung und Gefolgschaft der Adelsreiterei). Philipp II. (Makedonenkönig 359-336 v. Chr.), der Vater Alexanders, war offensichtlich ein fähiger Heeresorganisator. Unter ihm gelang die Unterwerfung Thrakiens 342 v. Chr. und damit die Errichtung einer Provinz, die bis zum Schwarzen Meer reichte. Athen wurde dadurch sehr geschwächt, da z.B. die Getreideversorgung im Kern bedroht war. 338 v. Chr. unterlagen die Griechen den Makedonen in der Schlacht bei Chaironeia.

Entscheidend für die anschließende Gefolgschaft der Griechen Philipp gegenüber war, daß dieser 337 v. Chr. den Panhellenischen Krieg gegen Persien verkündete und dies ausdrücklich damit begründete, Rache für das

Verhalten des Xerxes im Jahr 480 v. Chr. (die Plünderung und Zerstörung Athens) zu nehmen. In einem zehnjährigen Feldzug gelang es dann Philipps Sohn Alexander (356–323) und seinem griechisch-makedonischen Heer, bis zum Indus vorzudringen. 330 v. Chr. starb der persische König Dareios, Alexander proklamierte sich als seinen Nachfolger.

Die Bewertung der Ziele Alexanders ist in der Forschung umstritten: Die einen gehen davon aus, daß er ein »Weltreich« schaffen wollte (z.B. Eduard Meyer), die anderen betonen, daß es ihm auf die abschließende Eroberung des Perserreiches und den Aufbau einer entsprechenden Verwaltung ankam, um seine Herrschaft abzusichern (z.B. William Tarn). Setzte Alexander in den Mittelmeergebieten Makedonen als Statthalter (Satrapen) ein, so vergab er alle anderen Satrapien an Perser.

Er übernahm das persische Hofzeremoniell, ließ sich als Gottkönig verehren und verheiratete zahlreiche Makedonen mit Perserinnen (Massenhochzeit von Susa), erstrebte also durch das connubium eine Assimilierung der Völker.

Durch Alexander setzte die Hellenisierung und damit Europäisierung des Vorderen Orients ein. Die Hochschätzung Alexanders bei den Römern und viel später die erneute Rezeption in der deutschen Klassik verweisen auf die Bedeutung, die dieser Epoche der griechischen Geschichte vor allem in kultureller Hinsicht beigemessen wurde. Anregungen und Erkenntnisse aus hellenistischer Wissenschaft, Technik, Baukunst (z.B. die sog. Postmoderne) sowie Einflüsse der griechischen Sprache sind bis heute von Bedeutung.

C Chronik

ca. 3000-1050	**Minoisch-mykenisches Griechenland**
ca. 2000	Beginn der minoischen Palastzeit; Linear A-Schrift
um 1700	Zerstörung der minoischen Paläste und Wiederaufbau
1650-1200	Mykenische Zeit; Linear B-Schrift (entziffert); Zentren: Pylos (Palast des Nestor), Mykene (Löwentor; Schachtgräber), Tiryns, Theben
um 1450	Zerstörung der minoischen Paläste; Beginn der mykenischen Herrschaft auf Kreta
ca. 1400-1200	Zeit der mykenischen Paläste
ca. 1200-1050	**Zerstörung der mykenischen Kultur**
um 1100	Ende der Bronze- und Beginn der Eisenzeit
ca. 1050-800	**Dunkles Zeitalter** (dark ages): Verlust der Schrift, Quellenmangel, Herausbildung des Griechentums, nach Adelshäusern gegliederte Gesellschaft; Widerspiegelung dieser Zeit in den homerischen Epen
ca. 800-500	**Archaische Zeit:** Kolonisation; Herausbildung der Demokratie aus der Adelsherrschaft über den Umweg der Tyrannis; Zeit des Autorenkollektivs »Homer«, Hesiods, der Lyriker z.B. Sapphos (7. Jh.), der Naturphilosophen, des Beginns der gemeingriechischen Spiele
750	Beginn der Kolonisation
8./7. Jh.	Eroberung und Helotisierung Messeniens durch Sparta; Doppelkönigtum
7. Jh.	Beginn der Tyrannis in etlichen Gemeinwesen Griechenlands
6. Jh.	Vormacht Spartas auf der Peloponnes
594/3	Solonische Reform
561-510	**Tyrannis in Athen:** Peisistratos' Alleinherrschaft
510-508	Machtpolitisches Ringen zwischen Isagoras und Kleisthenes
507	Kleisthenische Reformen
5. Jahrhundert	**Klassische Zeit:** Ringen mit der persischen Großmacht; Auseinandersetzung Sparta-Athen; Tragödie: Aischylos, Sophokles, Euripides; Komödie: Aristophanes; Geschichtsschreibung: Herodotos — pater historiae — Auseinandersetzung mit Persien, Thukydides — athenischer Flottenkommandeur, Begründer der rationalen Geschichtsschreibung; Sokrates; Porträtkunst
500-478	**Perserkriege:**
500	Kriegsanlaß: Aufstand der ionischen Städte gegen die Perserherrschaft.
490	Sieg der Griechen unter Miltiades bei Marathon über das persische Heer unter Datis
481	Hellenenbund unter Spartas Führung gegen Persien
480	Sieg der Perser unter Xerxes über Spartaner unter König Leonidas bei den Thermopylen (Evakuierung der Athener) und Sieg der Athener unter Themistokles über die persische Flotte bei Salamis
479	Sieg der Spartaner unter Pausanias bei Plataia über Perser
478/77	Gründung des attisch-delischen Seebundes
ca. 480-430	**Pentekontaetie** (Zeit der 50 Jahre): endgültige Ausgestaltung der Demokratie in Athen und Herausbildung der Machtblöcke: Athen und Attisch-Delischer Seebund gegen Sparta und Peloponnesischer Bund
464-446	Messenischer Aufstand; Hilferuf Spartas an Athen; Rücksendung der athenischen Truppen führt zum Krieg mit Sparta, der bis 446 andauert.
460	Reformen des Ephialtes und Entmachtung des Areopag
431-404	**Peloponnesischer Krieg** zwischen Sparta und Athen um die Vorherrschaft in Griechenland
430	Pest in Athen und Tod des Strategen Perikles

Chronik C

404	Einzug der Spartaner in Athen; Niderlage Athens im Kampf um die Vormachtstellung
395-387	Korinthischer Krieg; Kampf der griechischen Städte Argos, Korinth, Theben und Athen gegen die spartanische Hegemonie; allmählicher Aufstieg Makedoniens.
337	Vergeblicher Versuch der Thebaner und Athener, sich der Expansion Makedoniens entgegenzustellen; Gründung des korinthischen Bundes, dessen Feldherr der makedonische König Philipp II. wird.
336-323	**Herrschaft Alexanders des Großen**, Sohn Philipps II.; Unterwerfung des Perserreiches und weiter Teile Asiens; Versuch der Errichtung eines Weltreiches.
323	Tod Alexanders in Babylon (33jährig)
3./2. Jahrhundert	**Zeitalter des Hellenismus**. Verbreitung griechischer Bildungsstätten (Gymnasien, Bibliotheken, Museen) in den von hellenistischen Herrschern neu gegründeten Städten.
149	Makedonien römische Provinz.
86	Eroberung Athens durch den römischen Feldherrn Sulla.

D Glossar

Agiaden
Spartanisches Adelsgeschlecht, das einen der beiden Könige stellte

Agoge
Erziehungsprogramm der Spartiaten

Agon
Wettkampf/Wettbewerb

Agora
Marktplatz; Knotenpunkt des öffentlichen Lebens einer Polis

Akropolis
Burgberg

Anthropomorphismus
Gotteskonzeption mit menschlichen Zügen

Aöden
Dichtersänger der homerischen Zeit

Apella
Spartanische Volksversammlung

Apoikia
Prozeß der Neusiedlung, bei dem eine von der Mutterstadt unabhängige neue Stadt gegründet wurde

Archonten
Athenische Oberbeamten

Areiopag
Adelsrat in Athen; später Instanz für Blutgerichtsbarkeit

Banause
Handwerker, von grich. »banausos« = das Handwerk. Arbeiten, die dem Hervorbringen eines Produktes dienten, galten weniger als Tätigkeiten, bei denen sich der Zweck im Tun erfüllte.

Barbar
Mensch, der sich statt Griechisch einer anderen Sprache bedient (Barbaros = der Fremde).

Boule
Athenischer Rat

Bürgerrecht
In Athen durften nur diejenigen männlichen Personen politische Ämter bekleiden, die über das volle Bürgerrecht verfügten. Genügte es zunächst, einen athenischen Vater zu haben, um das Bürgerrecht zu erlangen, so wurde der Zugang seit 451/450 erschwert. Seitdem mußten beide Elternteile attische Bürger sein.

Demen
Athenische Gemeinden nach der Kleisthenischen Phylenreform

Dionysien
Attisches Fest zu Ehren des Gottes Dionysos im Februar/März, an dem dramatische Aufführungen stattfanden

Ekklesia
Athenische Volksversammlung

Enkyklios Paideia
»Allgemeinbildung« im Verständnis der antiken Oberschicht; ähnlich den septem artes liberales, den eines freien Mannes würdigen Künsten im lateinischen Bereich

Ephoren
Spartanische Oberbeamte

Epos
Antike Gattung mythisch-heroischer Inhalte in dichterischer Form (Hexameter); bekannteste erhaltene griechische Epen: Ilias, Odyssee

Eurypontiden
Spartanisches Adelsgeschlecht, das einen der beiden Könige stellte

Gerousia
Spartanischer Ältestenrat

Gift-Giving-Society
Gesellschaft, in der der Tausch von Geschenken der Herstellung sozialer Beziehungen dient

Hektemoroi (pl.)
Sechstellöhner; verpflichtet, ein Sechstel der Ernte abzugeben

Heliaia
Athenischer Gerichtshof, Volksgericht

Hellenismus
Abgeleitet von Hellenen = Griechen. Der Begriff bezeichnet die Zeit von Alexander dem Großen bis zum Beginn der römischen Kaiserzeit. Ausbreitung der griechischen Kultur bis nach Indien.

Heloten
Spartanische Staatssklaven

Heraia
Mädchenwettläufe zu Ehren der Göttin Hera

Hippeis (pl.)
Ritter; zweiter Stand der athenischen Bürgerschaft

Homerische Frage
Fragekomplex um die Verfasserschaft und den Zeitbezug der Homerischen Epen Ilias und Odyssee

Hoplit
Schwerbewaffneter Kämpfer der Bürger- und Bauernheere seit der archaischen Zeit

Horoi (pl.)
Hypothekensteine

Ideogramm
Bildzeichen einer Schrift

Klaros
Landgut der Spartiaten

Koine
Die seit dem Hellenismus griechische Gemeinsprache, die die Dialekte zumindest in der Schriftsprache ablöste; in Koine wurde auch das Neue Testament abgefaßt

Kolonisation
Prozeß der griechischen Siedlung im Mittelmeerraum

Krypteia
Überwachung der Heloten durch Patrouillen spartanischer Jünglinge

Linear-A-Schrift
Minoische Schrift; nicht entziffert

Linear-B-Schrift
Mykenische Schrift; entziffert

Liturgie
Verpflichtung reicher Bürger zur finanziellen Unterstützung der Polis, z.B. durch Ausrüsten eines Kriegsschiffes, Übernahme der Kosten für einen Chor an den Dionysien u.ä.

Metoikion
Fremdensteuer

Metöken
Freie Fremde ohne Bürgerrecht in antiken Poleis

Mimos
Antike Volksposse

Oikos
Grichisch: »Haus, Haushalt, Familie«. Der »oikos umfaßte sowohl die zu einem Haushalt gehörenden Personen (einschließlich der Sklaven) als auch die im Haushalt enthaltenen Sachwerte wie Möbel, Kleidung, Gefäße, Ländereien.

Oligarchie
Herrschaft der Wenigen, mächtiger Adelsfamilien; in der antiken Staatstheorie die Entartung der Aristokratie, der Herrschaft der Besten

Olympiade
Zeitraum von 4 Jahren in der antiken Chronologie; olympische Spiele

Olympionike
Sieger bei den olympischen Spielen

Glossar

Oral Poetry
In mündlicher Tradition freigestaltete Dichtung

Ostrakismos
Scherbengericht, mit dem Bürger aus Athen verwiesen werden konnten

Palastwirtschaft
Organisationsform der minoisch-mykenischen Zeit; große Paläste als Wirtschaftszentren

Pantheon
Gesamtheit der Götter eines Volkes

Pentakosioimedimnoi
500-Scheffler; erster Stand der athenischen Bürgerschaft

Periöken
Umwohnende; freie Bewohner des spartanisches Umlandes ohne Bürgerrechte

Phalanx
Dichtgeschlossene Kampfformation der Hopliten

Phyle
Einteilungseinheit der athenischen Bürgerschaft nach der Ordnung des Kleisthenes; aus drei Trittyen bestehend, einem Landbezirk, einem Stadtbezirk und einem Küstenbezirk

Polis
Antiker 'Stadtstaat'

Politen
Vollbürger des antiken Stadtstaates

Popularklage
Möglichkeit der Anzeige von Straftaten bei Gericht durch beliebige athenische Bürger

Prostates
Rechtsvertreter eines athenischen Metöken

Prytanie
Geschäftsführender Ausschuß des athenischen Rates; Amtsdauer ein Zehntel des Jahres

Realteilung
Erbgang, bei dem der Landbesitz einer Familie zu gleichen Teilen unter den Erben aufgeteilt wird

Redistribution
Weiterverarbeitung überschüssiger Produkte und ihre Bevorratung im Palast; Arbeitsweise der Palastwirtschaft

Rhapsoden
Wandersänger, der epische Dichtung auswendig bei Festen vortrug

Rhetra
(Sagenhafte) Spartanische Verfassung

Satrap
Statthalter einer Satrapie = Provinz im Perserreich

Schuldsklaverei
Haftung für Schulden mit der ganzen Person, führte zu abhängiger Arbeit

Seisachtheia
Abschüttelung von Lasten

Spartiat
Spartanischer Vollbürger, berechtigt zur Teilnahme am politischen Leben des spartanischen Gemeinwesens

Stratege
Jährlich gewälter Heerführer in Athen, der auch politische Aufgaben übernahm

Subsistenzwirtschaft
Arbeitsform, die keine Überschüsse, sondern nur das Lebensnotwendige erwirtschaftet

Synoikismos
Zusammenschluß dörflicher Einheiten zu einer Polis in der frühgriechischen Geschichte

Syssitien
Tischgemeinschaft der Spartiaten

Theten
Unterster Stand der athenischen Bürgerschaft; trotz Vollbürgerschaft lange von Ämtern ausgeschlossen

Timokratie
Staffelung einer Bürgerschaft nach ihrem Besitz

Trittyen
Das Drittel einer Phyle in der Ordnung des Kleisthenes

Tyrannis
Alleinherrschaft

Vormonetäre Gesellschaften
Gesellschaften ohne Geldwirtschaft

Zeugiten
Dritter Stand der athenischen Bürgerschaft

Zwölfgötter
Kreis der olympischen Götter (variierend) Zeus — Hera, Poseidon — Demeter, Apollon — Artemis, Ares — Aphrodite, Hermes — Athene, Hephaistos — Hestia

E Unterrichtshilfen

1. Die griechische Götterwelt und das Theater

Einführung (vgl. dazu auch Basiswissen S. 7 f.)
Religion und Götterwelt der Griechen haben eine lange, verwickelte Entstehungsgeschichte, die bis weit in die nicht–schriftliche Zeit zurückreicht. Sie gewann aber in der Archaischen Periode durch ihre schriftliche Fixierung feste Gestalt; offen blieben hingegen die Riten des Kultes. Es gab keinen Priesterstand oder –beruf, auch keine allgemein verbindliche Theologie mit festen Lehrsätzen (Dogmen). Neben der olympischen Götterwelt, die durch Homer überkommen war, gab es vielfältige andere Strömungen der Religion.

Das Theater besitzt in seinen Ursprüngen starke — wenn nicht ausschließliche — Bindungen an den Kult. Es behält sie auch in Archaischer und Klassischer Zeit bei und verselbständigt sich in Teilen erst im 4. und 3. Jahrhundert v. Chr.

Didaktische Hinweise
Diese erste Unterrichtssequenz thematisiert — wie auch die beiden folgenden über die Olympischen Spiele und die Schule — die kulturellen Gemeinsamkeiten, die unsere gegenwärtige Welt mit der Welt der griechischen Antike besitzt. In unserer heutigen Theaterwelt z.B. werden sowohl antike Dramen in unterschiedlicher Fassung als auch Theaterstücke verschiedenster Epochen aufgeführt, in denen Inhalte und Formelemente der antiken Dramen rezipiert worden sind. Auch die im Barock entstandene Oper verdankt ihren Ursprung dem Versuch, das antike Drama wiederzubeleben.

Anknüpfungspunkte ergeben sich auch durch die Benutzung der griechischen Götter als Symbole auf den Emblemen bestimmter Institutionen wie z.B. Universitäten oder durch deren Einsatz in der Werbung. Hier bietet sich an, die Schüler bei der Materialsuche einzubeziehen.

Als Einführung in die antike Mythologie läßt sich diese Unterrichtseinheit auch mit den Texten über Homer verknüpfen (Kapitel 5).

Zu den Materialien

Übersicht

Themen	Methoden	Materialien
Die griechischen Götter	Textanalyse, Aufgaben, Arbeitsblatt Arbeitsblatt Rollenspiel Bildbetrachtung, Aufgaben	M 1.1 M 1.2 M 1.3 M 1.4
Opfer-Prozession	Textanalyse Bildbetrachtung, Aufgaben	M 1.5 M 1.6 (Folie)
Tempel	Bildbetrachtung, Aufgaben	M 1.7
Theater	Bildbetrachtung Lexikonartikel Bildbetrachtung, Aufgaben	M 1.8 M 1.9 M 1.10

M 1.1 Die griechischen Götter
Der Text stammt aus der Lobrede des Ailios Aristeides (2. Jhd. n. Chr.) »Auf Rom«, in der der Autor die Meinung vertritt, die griechischen Götter seien sogar der Pax Romana gewogen. Der zitierte Absatz, eine freie Übertragung des, enthält den Götterreigen in besonders komprimierter Form.

M 1.2 Die griechischen Götter im Bild
Die Attribute der Götter zeigen deren Wirkungsbereiche: *Athena*, die Kriegsgöttin, erscheint mit dem Kriegerhelm und dem Speer, *Artemis* trägt als Jagdgöttin z.B. den Bogen. Auf zwei schwer zuzuordnende Attribute sei allerdings hingewiesen: Bei *Zeus* ist die Deutung des Blitzbündels, das er in Händen hält, nicht ohne weiteres möglich — dieses Attribut verdankt er seiner Herkunft u.a. als Wettergott. Die Fackeln tragen *Demeter* und *Artemis* als Geleitgottheiten. Bei *Demeter,* die als Vegetationsgottheit auch für Fruchtbarkeit steht, wäre etwa an den Hochzeitszug mit Fackeln zu denken. Daß gerade Artemis mit diesem Attribut dargestellt wird, verweist darauf, daß sie nicht nur jungfräuliche Göttin der Jagd ist, sondern auch für Fruchtbarkeit und Sterblichkeit steht, ist sie doch eine Göttin, die den Übergang von einer weiblichen Lebensphase in die andere symbolisiert und begleitet: Jugend — Reife — Tod.

Ein Vergleich mit Schutzpatronen und Heiligen und ihren Attributen ist denkbar.

Unterrichtshilfen **E**

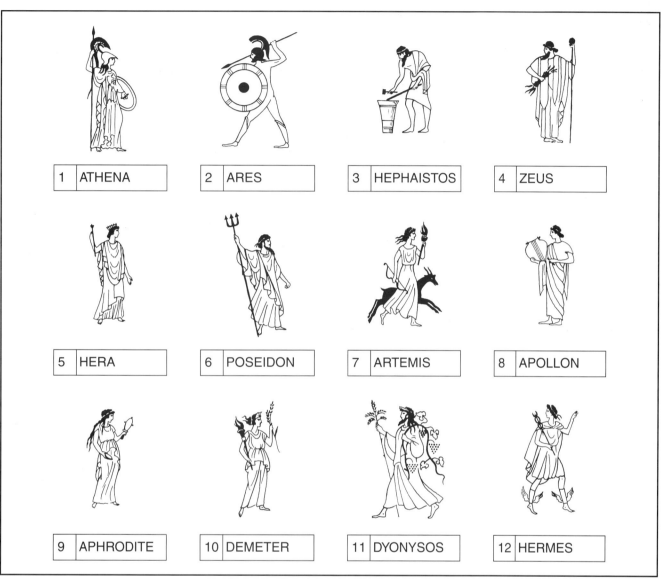

Lösung der Aufgaben
a und b)

Gottheit		Wirkungsbereich	Attribut
Zeus	(4)	Himmelsherrscher, Wettergott	Regentenstab, Blitzbündel
Hera	(5)	Himmelsherrscherin, Göttin der Ehe	Regentinnenstab
Athena	(1)	Kriegsgöttin und Göttin der Webkunst	Rüstung: Helm, Schild, Lanze
Ares	(2)	Kriegsgott	Rüstung: Helm, Schild, Beinschienen, Lanze
Aphrodite	(9)	Göttin der Fruchtbarkeit und der Liebe	Spiegel
Hermes	(12)	Götterbote	Heroldstab, Flügelschuhe
Artemis	(7)	Jagdgöttin	Wild, Bogen
Apollon	(8)	Gott des Theaters und der Kunst; Anführer der Musen	Musikinstrument
Demeter	(10)	Göttin des Ackerbaus	Ähre
Hephaistos	(3)	Gott der Schmiedekunst	Hammer und Amboß
Poseidon	(6)	Meeresgott	Dreizack
Dionysos	(11)	Gott des Weines	Wein und Thyrsosstab (=efeuumrankter Stab)

c) Poseidon; Hephaistos; z.B. Bauern — Demeter; Schauspieler — Apollon

d) Schutzheilige und Patrone, z.B. St. Florian

e) Fremdenverkehrswerbung; griechische Restaurants; Emblem der Ruhr-Universität Bochum mit Prometheus und Epimetheus; Kopf der Athena als Abzeichen der Bundeswehr-Hochschule u. der Universität Darmstadt

E Unterrichtshilfen

M 1.3 Götterstreit auf dem Olymp

M 1.4 Asklepios und Herakles

Quelle für das Rollenspiel sind die »Göttergespräche« des Lukianos, eines aus Syrien stammenden griechischen Schriftstellers (um 120-180 n. Chr.). Der griechische Originaltext ist der Gattung der Satire zuzuordnen.
Der Dialog zwischen Zeus und den noch nicht auf dem Olymp alteingesessenen Göttern Herakles und Asklepios läßt erkennen, daß die griechischen Götter nicht nur figürlich in Menschengestalt dargestellt wurden — im Unterschied z.B. zu den ägyptischen Göttern —, sondern auch ihr Verhalten in menschlichen Kategorien beschrieben wurde.
Auch an den Aufgabenbereichen der Götter und ihren Zuständigkeiten (vgl. M 1.2!) werden anthropomorphe Züge deutlich.

Lösung der Aufgaben
a) dargestellt als Menschen — der eine als Muskelprotz, der andere als Arzt, Zeus als schlichtender, energischer Vater
b) anthropomorphes Götterbild im Gegensatz zu einer entpersonalisierten Gottesvorstellung.

M 1.5 Eine Opferprozession
Die Quelle stammt aus »Aithiopika« (Äthiopische Abenteuer), einem vielgelesenen Roman des griechischen Schriftstellers Heliodor aus dem 3. oder 4. Jahrhundert n. Chr. Opfer brachte man den Göttern dar, um deren Hilfe und Segen zu erlangen, auch um drohendes Unheil abzuwehren. Geopfert wurde alles, was auch den Menschen zum Leben notwendig erschien. Unblutige Opfer waren z.B. Früchte, Honig, Gebäck; blutige Opfer waren die Tieropfer. Der Opfervorgang erfolgte nach strengen Regeln. Wurden sie nicht beachtet, mußte das Opfer wiederholt werden. Das griechische Fachwort für ein Festopfer, »Hekatombe«, besteht aus dem Zahlwort »ekaton« = 100 und der Vokabel »bous« = Rind, daher die Bemerkung im Text »Es waren genau hundert, also im wörtlichen Sinne eine Hekatombe«.

M 1.6 Opferzug (Folie – in der Medientasche)

Der Zug befindet sich auf dem Weg zum Heiligtum der Göttin Athene. Links auf dem Altar brennt bereits das Feuer. Eine Frau trägt ein Kuchentablett, es folgen Männer mit Opferstieren. Ein Mann spielt den Aulos, die Doppelflöte, weitere Männer tragen Opfergaben, z.B. einen Weinkrug. Den Schluß bildet ein Maultierkarren.

Lösung der Aufgaben
a) An der geordneten Reihenfolge, dem dreimaligen Umrunden des Grabes.
b) s. o.
c) z.B. im Hinduismus auf Bali: Gaben, um die (bösen) Götter zu besänftigen.

M 1.7 Griechische Tempel
Die Tempel sollten den Göttern als Wohnstatt dienen. Sie waren kein Opferplatz; die Altäre standen vor den Tempeln. Die Tempel waren die einzigen frühen Gemeinschaftsbauten der griechischen Stadtstaaten. Viele Tempel haben sich bis heute erhalten.

Unterrichtshilfen E

Die Bilder zeigen die Dimensionen dieser Bauten und sollten bekannten Kirchen gegenübergestellt werden.

Lösung der Aufgaben
a) etwa 12 Meter
b) Unterschiede: Säulen gegenüber Mauern; Licht- und Luftdurchlässigkeit gegenüber Dunkelheit; Ähnlichkeiten: monumentaler Anspruch

M 1.8 Antike Theatermasken

M 1.9 Das Griechische Theater

Nachdem man die Schüler und Schülerinnen nach ihren Vorstellungen zum Stichwort »Theater« befragt hat, läßt man den in der Art eines Lexikonartikels geschriebenen Text lesen. Durch Fragen nach der heutigen Besetzung weiblicher Rollen in Film, Fernsehen und Theater und nach dem Aussehen des nächstgelegenen Theaters werden die Unterschiede zur Antike deutlich. Mit Hilfe der Informationen über Olympia können der kultische Bezug und das Moment des Wettbewerbs herausgearbeitet werden. Sollte dieser Abschnitt zuvor nicht behandelt worden sein, muß der Lehrer Hilfestellung leisten. Zum Theateragon kann auf Theater- oder Filmfestspiele hingewiesen werden. Je nach Vorwissen der Schüler bietet sich für den Kontext »Religion und Schauspiel« ein Verweis auf Passionsspiele an.

Im Anschluß daran können die Schüler versuchen, Programme eines nahegelegenen Theaters zu sammeln oder Erwachsene über Theaterstücke antiker Provenienz zu interviewen, um so zu verstehen, daß die Griechenbegeisterung besonders der Klassik zu einer Anknüpfung an die antiken Stoffe führte. Alternativ kann der Lehrer »antikisierende« Stücke der deutschen Klassik nennen, so z.B. *Goethe*s »Iphigenie auf Tauris« oder *Kleist*s »Penthesilea«.

Lösung der Aufgaben
a) Das ansteigende Halbrund der Zuschauersitze, das Rund des Chor-Tanzplatzes, die Bühnengebäude
b) Szene: Teil eines Schauspiels; Orchester: Gruppe von Musikern; ab 1600 hieß so der Platz zwischen Bühne und Zuschauerraum, in dem die Musiker saßen.
c) Festgelegter Bautyp in der Antike im Vergleich zu freiem Baustil heute; Aufführung im Freien (evt. überdacht) gegenüber einem geschlossenen Gebäude
d) Geschlecht der Schauspieler; Wettbewerb und kultischer Bezug (aber Passionsspiele!)
e) Zweck: Ein Schauspieler sollte verschiedene Personen, auch Frauen, darstellen können
f) Abgesehen von den Stücken der Deutschen Klassik sind erfahrungsgemäß die am häufigsten aufgeführten antiken Stücke die »Lysistrate« des Aristophanes und der »König Ödipus« des Sophokles.

M 1.10 Griechische Theater

A

B

C

E Unterrichtshilfen

2. Die Olympischen Spiele

Einführung (vgl. dazu auch Basiswissen S. 8 f.)
Die Olympischen Spiele versammelten alle vier Jahre die Griechen zu einem friedlichen Wettkampf. Die Spiele waren — neben der Sprache und der Religion — Ausdruck des Gemeinsamkeitsbewußtseins der Griechen. Der Wettstreit umfaßte nicht nur sportliche Wettbewerbe, sondern ebenso Tanz, dichterische und musikalische Aufführungen. Die Spiele fanden zu Ehren des Gottes Zeus statt, trugen also unübersehbar auch religiöse Züge.

Didaktische Hinweise
Bei diesem Thema bietet sich der Gegenwartsbezug über die Olympischen Spiele der Neuzeit oder auch andere sportliche Großveranstaltungen geradezu an.

Zu den Materialien

Übersicht

Themen	Methoden	Materialien
»Olympia-Zeitung«	Lektüre verfremdeter Texte, Einführung in Chronologie; Aufgaben	M 2.1
Eine berühmte »Sportlerin«	Textanalyse	M 2.2
»Olympia einst und jetzt«	Gruppenarbeit: Aktualisierung	M 2.3

M 2.1 (Die Olympischen Spiele als Zeitung)

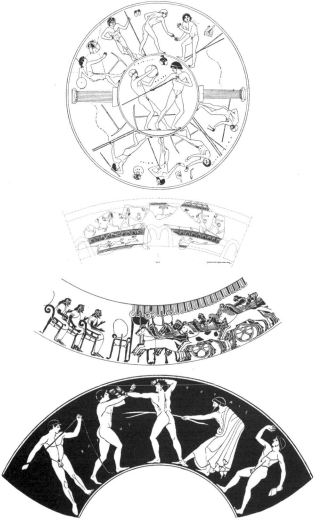

Die ersten beiden Texte des Zeitungsberichtes sind z.T. verfremdete Abschnitte aus der ›Beschreibung Griechenlands‹ (5,6-5,9) des griechischen Schriftstellers Pausanias (2. Jh. n. Chr.), und der dritte und vierte Text beruhen auf Einzelangaben desselben Autors und in Ailianos' ›Bunten Geschichten‹.
Die Beschäftigung mit einer historischen Persönlichkeit der Antike — wenn auch viele Informationen über Milon in den Bereich der Anekdote gehören — ermöglicht ei-

nen guten Vergleich mit heutigen Sportstars. Belohnung war ein Motiv der Sportler. Besonders in der frühen griechischen Gesellschaft waren die Anerkennung der sportlichen Leistung durch die anderen und der Ehrenpreis als sichtbares Abzeichen dafür ungleich wichtiger als dessen materieller Wert. Auch bei der Siegerehrung gibt es Unterschiede: Zwar ist auch heute noch die Öffentlichkeit für die Ehrung des Sportlers bedeutsam, die Rückbindung an einen Kult aber — so etwa die Aufstellung der Siegerstatuen und der Siegerinnenbilder — ist säkularisierten Formen gewichen.

Der Bericht aus den Unterredungen (1,6) des Philosophen Epiktet (um 50-um 130 n. Chr.) zeigt, daß sich Olympia bereits in der Antike zu einem auch touristischen Anziehungspunkt entwickelt hatte. Daß jedoch die Zeusstatue und nicht — wie in heutiger Zeit bei solchen Attraktionen — ein spezieller funktionaler Bau Ziel dieser Besucher war, stellt wieder die Verbindung zu den kultischen Ursprüngen her.

Um dem Eindruck einer Kontinuität dieser Spiele von der Antike bis zur Gegenwart vorzubeugen, sollte deutlich gemacht werden, daß die Olympischen Spiele in der Spätantike (393 bzw. 426) ihr Ende fanden und erst 1896 wieder als Olympische Spiele der Neuzeit ins Leben gerufen wurden. Wichtig ist, daß die antiken Olympischen Spiele kultisch ausgerichtet waren und die Verehrung des Zeus dabei eine bedeutsame Rolle einnahm.

Auf der Schale sind folgende Sportarten abgebildet: Diskuswerfer, Speerwerfer, zwei Ringer (oben); Diskuswerfer mit Boxerkappe, Speerwerfer (Mitte); Kampfrichter mit Markierungszeichen für den Weitsprung, zwei Springer mit Sprunggewichten, Speerwerfer (unten).

Lösung der Aufgaben
a) mit großen Sporteinrichtungen, aber auch mit Touristenattraktionen und Wallfahrtsorten
b)

1. OL	Schnellauf	776 v. Chr.
14. OL	Doppellauf	724 v. Chr.
18. OL	Fünfkampf; Ringkampf	708 v. Chr.
23. OL	Faustkampf	688 v. Chr.
25. OL	Wagenrennen	680 v. Chr.
33. OL	Pankration f. Männer; Reiten	648 v. Chr.
37. OL	Knabenwettlauf; Knabenringkampf	632 v. Chr.
41. OL	Knabenfaustkampf	616 v. Chr.
65. OL	Hoplitenwettlauf	520 v. Chr.
77. OL	Zeusopfer in anderer Folge	472 v. Chr.
93. OL	Wagenrennen mit Zweigespann	408 v. Chr.
99. OL	Wagenrennen mit Fohlen	384 v. Chr.
145. OL	Pankration f. Knaben	200 v. Chr.

c) aus den gleichen Gründen wie heute
d) N.N.
e) Es gibt zahlreiche Übereinstimmungen bis in Details hinein. Jeder Schüler wird Beispiele nennen können; zu den Unterschieden s.o.
f) weil sie in Olympia nicht zugelassen waren und Hera die Schutzgöttin der Frauen war; geschlechtsspezifische Sonderung auch bei den Spielen: Göttin für Frauenwettkämpfe, Gott, nämlich Zeus, für Männerwettkämpfe.
g)

M 2.2 Eine berühmte »Sportlerin«

Es handelt sich in der von Plutarch (Agesilaos 20) und Pausanias (3,8,1 u. 6,1,6) überlieferten Geschichte nur um eine mittelbare Teilnahme. Dennoch war die Ehrung »neben dem Standbild des Troilos« der von Siegern vergleichbar.

Lösung der Aufgabe
Kyniska war ja nur Besitzerin des Rennstalls und lenkte nicht selbst den Wagen.

M 2.3 Die Olympischen Spiele im Vergleich

Lösung der Aufgabe
In Klammern stehen Informationen, die wahrscheinlich nur mit Hilfestellung erreicht werden können.

1. Olympiade	776 v. Chr.	(1896)
Begründer	Herakles(?)	(Pierre Baron de Coubertin)
Ort	Olympia	wechselnd
Zeitabstände	4 Jahre	4 Jahre
Geschlecht der Teilnehmer	anfangs nur Männer	gemischt (Frauen ab 1900)
Nation der Teilnehmer	(Griechen)	alle Nationen
Bezug zur Religion	Zeuskult	keiner
Disziplinen	Schnellauf Basketball Doppellauf Knabenwettlauf Fünfkampf Ringkampf Faustkampf Pankration für Männer Knabenringkampf Knabenfaustkampf Pankration für Knaben Reiten Hoplitenwettlauf Wagenrennen Wagenrennen mit Zweigespann Wagenrennen mit Fohlen	Basketball Bogenschießen Boxen Fechten Fußball Gewichtheben Handball Hockey Judo Kanu Leichtathletik Mod. Fünfkampf Radsport Reiten Ringen Rudern Schießen Schwimmen Wasserspringen Wasserball Segeln Turnen Volleyball
Konkurrenzspiele	Pythische/Isthmische/Nemeische Spiele	Panamer. Spiele Asienspiele
Formen der Ehrung	Kranz Siegerstatuen Tempel	Medaille Ehrung in den Medien
Stars	Milon v. Kroton	N.N.
Gründe für die Teilnahme	Prestige und finanzieller Gewinn	

E Unterrichtshilfen

3. Schule im antiken Griechenland

Einführung (vgl. dazu auch Basiswissen S. 9 f.)

Didaktische Hinweise

Das Hauptaugenmerk liegt darauf, die Unterschiede zwischen heutigem und antikem Schulwesen herauszuarbeiten.
Sollten bereits die orientalischen Hochkulturen behandelt worden sein, so kann mit Hilfe der griechischen Schrift auf die Unterschiede zwischen Bild-, Silben- und Buchstabenschrift hingewiesen werden. Verknüpfbar ist dieser Teil jedoch auch mit der Unterrichtseinheit Kolonisation (u.a. M 6.9), da daran die Verbindungslinie zwischen Griechenland und Unteritalien (Magna Graecia) augenfällig wird. Des weiteren kann die Schrift auch unter dem Aspekt der Gemeinsamkeit in der von so unterschiedlichen kulturellen und politischen Gegebenheiten geprägten griechischen Welt behandelt werden.

Zu den Materialien

Übersicht

Themen	Methoden	Materialien
Eine antike Schulszene	Bildbetrachtung Rollenspiel Bildbetrachtung, Aufgaben, Spiel	M 3.1 M 3.2 M 3.3
Tagesablauf eines Schülers	Bildbetrachtung Textanalyse: Aktualisierung Bildbetrachtung, Aufgaben	M 3.4 M 3.5 M 3.6
Griechisches Alphabet	Tabellenarbeit, Aufgaben	M 3.7

M 3.1 Antike Schulszene

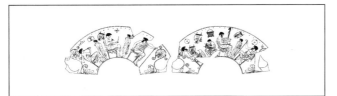

Dargestellt sind Musik-, Lese- und Schreibunterricht (Flöte, Kithara, Schreibtafel, Buchrolle), Lehrer, Schüler und »Pädagogen«.

M 3.2 Ein Theaterstück

Die Szene nach dem Mimos *Der Schulmeister* des Herodas (vgl. dazu M 1.9) enthält neben Informationen über die Schule auch zahlreiche Angaben über das Alltagsleben der Antike, die den Schülern aufgrund ihrer eigenen Situation nicht fremd sind, wie z.B. das Spielen. Um das Stück in einer Klasse mit etwa gleichen Rollenanteilen einsetzen zu können, wurde die Person des Großvaters Thales eingeführt, der einen Teil des Sprechanteils der Metrotime übernimmt; sein Name ist in einem anderen Stück des Herodas überliefert.

M 3.3 Mädchen beim Würfelspiel; Knöchelchen-Spielsteine

Bei der antiken Abb. handelt es sich um eine röm. Kopie aus Herculaneum nach der Vorlage eines gr. Marmorgemäldes.
Die Würfel bestanden aus Schafknöcheln (gr. Astragal) oder waren diesen aus Elfenbein, Gold oder anderen Materialien nachgebildet. Astragal zu spielen, war besonders unter Mädchen und Frauen sehr beliebt; s. aber M 3.2 als Jungenspiel.
Beim Astragal besaßen nur vier Seiten Zahlengeltung; die beiden spitzen Enden fielen aus. Die voll eingedrückte Schmalseite, auf die der »Würfel« am seltensten fiel, zählte 6. Die gegenüberliegende Schmalseite galt 1. Von den beiden breiten Seiten ist die eine etwas nach außen gebogen (konvex), sie zählte 4; die Breitseite gegenüber, nach innen gebogen (konkav), zählte 3. Man spielte meistens mit vier Knöchelchen; 35 verschiedene Kombinationen waren möglich. Als bester Wurf galt, wenn alle Knöchelchen verschiedene Seiten zeigten.

Lösung der Aufgaben

a) Ursprünglich das Sprungbein von Schaf oder Ziege, der Knochen, der die Verbindung von Schien- und Wadenbein mit dem Fuß herstellt.

b) —

Unterrichtshilfen E

M 3.4 Jungen spielen Schule

Das Bild zeigt die typische Dreiergruppierung Lehrer-Schüler-Pädagoge, die von Kindern spielerisch nachgeahmt wird.

M 3.5 Ausschnitt aus einem antiken Schulbuch

Der vorliegende Text entstammt den sogenannten Hermeneumata Pseudodosithanea, einer Gruppe lateinisch-griechischer Handbücher aus dem 3. Jhd., die durch die Wiedergabe desselben Textes in Latein und in Griechisch als zweisprachige Schulbücher dienten.

Die Oberschichtorientierung der antiken Schule wird durch die Rolle des »Pädagogen« und der Kinderfrau deutlich. Ein weiteres Charakteristikum ist das Übergewicht der Sprachen. Hier können auch die Materialien über Homer (M 5.7 und M 5.8) herangezogen werden, da Ilias und Odyssee den Hauptteil des antiken Curriculums ausmachten. Wenn Deklinationsübungen aus dem Lateinunterricht oder aus den Grammatikstunden des Deutschunterrichts bekannt sind, läßt sich ein Teil der Fertigkeiten, die die antike Schule vermittelte, daran erklären. Der Stellenwert, den die Metrik gerade bei der Dichterlektüre in der Antike hatte, ist für die Schüler dieser Stufe sicherlich nicht nachvollziehbar — der Lehrer sollte, wenn den Schülern diese Begrifflichkeit (»Einteilen der Verse«) überhaupt auffällt, auf das getragene Lesen von Gedichten verweisen.

Die Rolle des Hilfslehrers und der unterschiedlichen Lerngruppen kennzeichnen deutlich den Unterschied zum Lernen im Klassenverband Gleichaltriger unter der Anleitung eines Lehrers. Die disziplinarische Funktion der antiken Schule und das dort oft rigide Strafmaß können bei dem Nachspielen des antiken Mimos (M 3.2) zum Thema gemacht werden.

M 3.6 Schulmädchen und Sklavin

Lösung der Aufgaben
a) —
b) Lernen im Klassenverband, geordnet nach Jahrgangsstufen, unter Anleitung eines Lehrers, am Vormittag im Vergleich zu dem nach Lern- und Leistungsgruppen abgehaltenen Unterricht aller Altersgruppen in einem Raum, mit mehreren Lehrern, ganztags.
c) Überbetonung der Sprache und sprachlicher Inhalt.
d) Sie entstammen der Oberschicht: Sklavin und Pädagoge begleiten die Schüler.
e) Die sprechende Gestik des Bildes deutet das Gegenteil an.

M 3.7 Das griechische Alphabet

Aus der Alltagswelt kann vorausgesetzt werden, daß die Existenz fremder Schriften bekannt ist, vielleicht gibt es in der Klasse sogar griechische Kinder als Experten.
Die in Großbuchstaben geschriebenen Wörter sind ohne Hilfestellung lesbar. Im wesentlichen sind hier als Grund für die Übereinstimmung der Kulturaustausch im Mittelmeerraum und die Romanisierung Westeuropas zu nennen.

griechischer Großbuchstabe	griechischer Kleinbuchstabe		Bezeichnung		deutsche Entsprechung
Α	α		Alpha		A
Β	β		Beta		B
Γ	γ		Gamma		G
Δ	δ		Delta		D
Ε	ε		Epsilon		E
Ζ	ζ		Zeta		Z
Η	η		Eta		Ä
Θ	θ		Theta		Th
Ι	ι		Iota		I
Κ	κ		Kappa		K
Λ	λ		Lambda		L
Μ	μ		My		M
Ν	ν		Ny		N
Ξ	ξ		Xi		X
Ο	ο		Omikron		O (kurz)
Π	π		Pi		P
Ρ	ρ		Rho		R
Σ	σ		Sigma		S
Τ	τ		Tau		T
Υ	υ		Ypsilon		Y/Ü
Φ	φ		Phi		Ph
Χ	χ		Chi		Ch
Ψ	ψ		Psi		Ps
Ω	ω		Omega		O (lang)

Griechisch			Deutsch	
BYZANTION	Βυζαντιον		BYZANZ (antiker Name für Istanbul)	Byzanz
IAOMAI	ιαομαι		ICH HEILE	ich heile

Lösung der Aufgaben
a) griechische Großbuchstaben z. T. = lateinisches Alphabet; Grund für die Ähnlichkeit: Kulturtransfer
b) von den Namen der ersten beiden griechischen Buchstaben
c) —
d) Begrenzte Anzahl von Symbolen im Gegensatz etwa zur chinesischen Schrift.

E Unterrichtshilfen

4. Kreta und Mykene

Einführung (vgl. dazu auch Basistext S. 10 f.)
Kreta war seit der Bronzezeit das Zentrum einer bedeutenden Kultur. Sie wird – in Anlehnung an den sagenhaften König Minos – als minoische Kultur bezeichnet. Mittelpunkt der Siedlungen waren große Paläste, von denen der bedeutendste in Knossos stand. Der Palast war sowohl Herrschafts- als auch Wirtschaftszentrum. In seinen Magazinen sammelte man die Produkte des Landes; in seiner Nähe arbeiteten Handwerker, auch für den Export.
Die minoische Kultur mit ihrer differenzierten Gesellschaftsstruktur – und mit ihrer bis heute nicht entzifferten Schrift – kann als die erste europäische Hochkultur gelten.

Die mykenische Kultur des griechischen Festlandes löste die minoische auf Kreta um 1400 v. Chr. ab. Sie macht einen viel wehrhafteren, kriegerischeren Eindruck als die minoische, deren Siedlungen keine Befestigungen kannten. Die frühgriechische Kultur der Mykener fand gegen 1200 v. Chr. ihr Ende.

Didaktische Hinweise
Häufig besteht in dieser Stufe ein Interesse an frühen Kulturen wie z.B. der Inkakultur oder an Erzählungen über fiktive Gesellschaftsformen, bei deren Beschreibung Anleihen in der Geschichte gemacht wurden — wie das bei der Gattung der Fantasy–Romane der Fall ist. Daran könnte der Lehrer bei der Behandlung der minoisch-mykenischen Kultur anknüpfen.

Zu den Materialien
Übersicht

Themen	Methoden	Materialien
Alltagsleben auf Kreta	Bildbetrachtung Textanalyse Bildbetrachtung, Aufgaben	M 4.1 M 4.2 M 4.3
Schiffahrt und Handel	Bildbetrachtung Textanalyse desgl., Aufgaben, Kartenarbeit, Aufgaben	M 4.4 (Folie) M 4.5 M 4.6
Leben in Mykene und Pylos	Bildbetrachtung, Aufgaben Bildbetrachtung Bildbetrachtung, Aufgaben	M 4.7 M 4.8 M 4.9
Mykenische Schrift	Bildbetrachtung, Aufgaben	M 4.10
Untergang der Paläste	Textanalyse, Aufgaben	M 4.11

M 4.1 Palast von Knossos

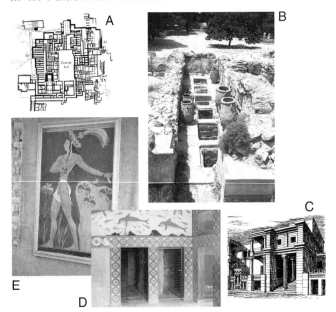

Wie alle minoischen Paläste besaß auch der von Knossos einen Zentralhof, um den sich die Räume gruppierten. Die Magazine konnten über 400 Vorratsgefäße (für Getreide, Öl) mit einem Gesamtfassungsvermögen von 78.000 l aufnehmen. Der sogenannte »Lilienprinz« (hier das Photo der Rekonstruktion in Knossos, ergänztes Original im Museum von Heraklion), mit einer Krone aus Lilien und Pfauenfedern geschmückt, ist früher als Priester gedeutet worden. Heute dagegen versteht man das Bild als Darstellung eines Gottes, dessen Attribute, eben Blumen, die Bedeutung der Vegetation für jene Gesellschaft zeigen. Die Delphine im Raum der Königin symbolisieren den engen Bezug der Minoer zum Meer.

Lösung der Aufgaben
a) Ein Hinweis darauf ist die Anzahl der Magazine.
b) Am wenigsten die Insellage, mehr wohl die starke Seemacht (vgl. M 4.4!), die Angriffe von außen zu verhindern mochte
c) Erneuerung des Raumschmucks, Änderung des Geschmacks; Vergleich mit Wohnungsrenovierungen heute

Unterrichtshilfen **E**

M 4.2 Wohnen im alten Kreta
Der Text stammt aus der Feder des französischen Althistorikers *Paul Faure* und faßt die Erkenntnisse aus vielen Grabungen auf der Insel zusammen.

M 4.3 Gournia: Hauptstraße (A); Steinmörser (B);

M 4.4 Ausfahrt einer Flotte (Folie in der Medientasche)

Das Wandbild (16. Jh v. Chr.) stammt aus dem Zimmer 5 des Westhauses von Akrotiri auf Santorin, einer minoischen Handelsstadt, die durch den Ausbruch des Santorin-Vulkans verschüttet wurde. Die hier untereinander abgebildeten Teile des Frieses stehen nebeneinander. — Die Flotte segelt von einem Hafen zu einem anderen. Die Einwohner verabschieden sie (links oben); am Ufer der anderen Stadt (rechts unten) stehen Menschen zu ihrer Begrüßung. Das geschmückte Schiff ist das »Admiralsschiff«. Es gibt nur ein Segelschiff, das Kurierschiff (?). Die Passagiere werden als Krieger gedeutet. Für die Kapitäne befinden sich auf den Achterdecks Kajüten.

Lösung der Aufgaben
a) Es sind Wandbilder (und Tonplättchen) mit Hausdarstellungen aus dieser Zeit überliefert.
b) z.B. die vielen Räume des Palastes gegenüber den einfachen Handwerkerhäusern.
c) Über die Schiffahrt: Schiffstypen, Bauweise der Schiffe, Fortbewegung der Schiffe, militärische Gliederung (»Admiralsschiff«); Siedlungsweise: aneinandergebaute, mehrgeschossige Häuser, breite Eingangstreppen, Flachdächer, die (zum Wohnen) benutzt werden; Landschaft: Gebirge, kaum Wald; Tierwelt: Delphine, Löwen, Rotwild; Kleidung der Menschen. Die dargestellten Städte werden nicht benannt, auch nicht der Anlaß für die Flottenfahrt. Die ethnische Zugehörigkeit ist nicht sicher.
d) Durch Ausgrabungen (Anmerkung für den Lehrer: z.B. in Akrotiri gibt es mehrgeschossige Häuser.)

4.5 Schiffahrt und Handel
Der Text des französischen Historikers *Paul Faure* ist hier leicht gekürzt.

4.6 Einfuhren und Ausfuhren der Minoer

Die Minoer hatten auch einen Teil des Zwischenhandels von der Levanteküste nach Ägypten in der Hand.

Lösung der Aufgabe
a) —
Dadurch, daß »Fremdgut«, eben die Exporte der Minoer, in Ausgrabungen auftaucht, z.B. minoische Produkte in ägyptischen Gräbern; umgekehrt auch ägyptische Güter in Kreta.

M 4.7 Mykene: Löwentor, Zyklopenmauer und Rekonstruktion der Burg
Die mykenische Kultur befand sich als Folge lokaler Grenzkonflikte in steter Verteidigungsbereitschaft, sichtbar an der Wehrhaftigkeit der Architektur. Deshalb lag anders als bei den Minoern die Burg deutlich von der Siedlung abgehoben.

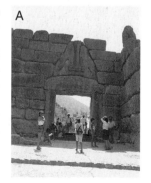

E Unterrichtshilfen

Lösung der Aufgabe

Kennzeichnung der mykenischen Kultur als einer kriegerischen

M 4.8 Vase

Die »Kriegervase« aus dem Ende des 13. Jahrhunderts zeigt mit Brustpanzer und Helm, kurzem Schild und Speer bewaffnete Krieger. Die Frau an linken Bildrand winkt.

M 4.9 Der Palast in Pylos: Saal, Opferherd und Badewanne

Der mykenische Palast war politische und wirtschaftliche Zentrale (vgl. dazu auch M 4.11!).

Lösung der Aufgaben
a) —
b) —

M 4.10 Linear–A–Täfelchen und das Dreifuß–Linear–B–Täfelchen aus Pylos

Der Vergleich mit der griechischen Schrift (vgl. M 3.7!) zeigt, daß die Linear–B–Schrift ihr nicht ähnelt. Die griechische Schrift ist also eine Neuerfindung. — Erkennbar sind die Zahlzeichen (bei A ? u. B) und Ideogramme (bei B). Auch die Silbenzeichen lassen sich verfolgen. Die Übersetzung zeigt, daß es sich um eine Art Buchhaltung handelt. Dasselbe vermutet man auch bei dem überwiegenden Teil der Linear–A–Täfelchen, die man noch nicht hat entziffern können.

Lösung der Aufgaben
a) Die Paläste, auch der in Pylos, wurden durch Feuer zerstört; dabei wurden die Täfelchen gebrannt.
b) Er kennt z.B nicht die zugrundeliegende Sprache, weiß nicht, ob es eine Silben- oder eine Buchstabenschrift ist, in welche Richtung sie geschrieben wurde. (Es könnte sein, daß die Striche und Punkte Zahlzeichen sind.)
c) Sie listeten Produkte auf; sie dienten also einer Art Buchführung über Eingänge, Ausgänge und Lagerhaltung.

M 4.11 Der Untergang der Paläste

Die fiktive Erzählung weist noch einmal auf die Wirtschafts- und Organisationsform der Paläste hin und deutet Ursachen für den Untergang an.

Lösung der Aufgaben
a) Auf archäologische Befunde: die Palastruinen, Tontäfelchen und sonstige Funde
b) Fortsetzung etwa: Kampf um den Palast, Niederlage der Einwohner des Palastbezirkes, Zerstörung durch Brand, Versklavung und Verschleppung, Flucht in die Berge, Verödung des Platzes.

E Unterrichtshilfen

5. Die Welt der homerischen Epen

Einführung (vgl. dazu auch Basiswissen S. 11 f.)
Nach dem Untergang der mykenischen Welt fiel Griechenland wieder in das Dunkel nicht–schriftlicher Zeit zurück. Hauptquelle für diese Zeit sind deshalb die Ergebnisse der Archäologie. Einzig die beiden homerischen Epen, Ilias und Odyssee, enthalten neben mythischen Anteilen auch Informationen über Leben und gesellschaftliche Zustände in der griechischen Frühzeit.

Zu den Materialien

Übersicht

Die beiden Epen schildern vornehmlich die Welt des Adels, in der Gastfreundschaft als unantastbar galt. Mut, Kampf und persönliche Auseinandersetzung stehen bei ihren Helden im Vordergrund. Dennoch gibt es auch Hinweise auf das einfache Leben der Männer und Frauen. Für die griechische, aber auch die lateinische Welt der Antike ist die Bedeutung Homers nur mit der der Bibel für das christliche Abendland zu vergleichen.

Didaktische Hinweise
Der Einstieg zeigt die Bedeutung, die die homerischen Epen bis zu ihrer Verwertung durch die Medien in der Gegenwart besitzen.

Themen	Methoden	Materialien
Ilias und Odyssee	Textanalyse Bildanalyse, Aufgaben Bildanalyse Lesen von Versen Bildanalyse, Aufgaben Textanalyse, Aufgaben	M 5.1 M 5.2 M 5.3 M 5.4 M 5.5 M 5.6
Ilias und Odyssee/ Wirkungsgeschichte	Textanalyse, Aufgaben, Rollenspiel Bildanalyse Medien	M 5.7 M 5.8 M 5.9
Gastfreundschaft/Gaben	Bildanalyse, Textanalyse, Aufgaben	M 5.10

M 5.1 Aus der Weltgeschichte für Kinder, 1840
Der hier wiedergegebene Ausschnitt stammt von *Georg Ludwig Jerrer*, Pseudonym für Johann *Heinrich Meynier* (1764-1825). Diesen Text las z.B. *Heinrich Schliemann* als Kind, was ihn (nach seiner eigenen Erinnerung) anregte, nach dem verlorenen Troja zu suchen.

M 5.2 Szene aus der Ilias
Die Abbildung stammt von einem Sarg aus Etrurien (Italien)

Lösung der Aufgaben
a) Sprache und Orthographie
b) Vorgriechische Ortsnamen haben sich durch mündliche Tradition erhalten.
c) Paris entführt Helena

M 5.3 Hektor und Penelope

B

A

M 5.4 Der Anfang der Odyssee
Das hexametrische Versmaß, in dem die Ilias und die Odyssee abgefaßt sind und das Johann Heinrich Voß (1781) in seiner Übersetzung nachgestaltet hat, sollte laut gelesen werden. Die Ilias besteht aus 24 Gesängen mit über 15.000 Versen; die Odyssee hat ebensoviele Gesänge mit über 12.000 Versen.

M 5.5 Sänger mit Kithara

Die Kithara wurde stehend gespielt. Die linke Hand griff die Saiten, die Rechte gab mit einem Schlagstöckchen den Takt. Bei der Kithara wurde die Anzahl der Saiten von fünf (8. Jh.) über sieben (7. Jh.) auf elf bis zwölf (5. Jh.) erhöht.

Lösung der Aufgaben
a) Nur bedingt; denn der Maler kann auch eine ältere Zeit dargestellt haben; die rotfigurige Keramik stammt aus der klassichen Zeit (5.-4. Jhd. v. Chr.)
b) mit heutigen Sängern und »Liedermachern«; evtl. Verweis auf keltische Barden (»Troubadix« aus der Comicserie »Asterix«).
c) Gitarre und Zither

5.6 »Götterlehre« des Berliner Professors *Karl Philipp Moritz*
Der Ausschnitt stammt aus der 1791 erschienenen »Götterlehre« des Schriftstellers und ab 1789 Profes-

37

E Unterrichtshilfen

sors für Altertumskunde in Berlin *Karl Philipp Moritz*. In Anlehnung an *Winckelmann* betont er die ästhetische Seite der antiken Mythologie und löst sich so von dem Verständnis antiker Mythen als Ur- und Frühgeschichte der Römer und Griechen. Er führt keine scharfe Trennung zwischen römischer und griechischer Mythologie durch, daher benutzt er auch die römischen Namen in dem Abschnitt über den trojanischen Krieg.

Lösung der Aufgaben
a) Der »vielgewanderte Mann« ist Odysseus; aus Hunger hatten seine Gefährten auf der Insel Trinakria (=Sizilien) die Helios (= »Sonnenbeherrscher« im Text der Odyssee und = »Sonne« bei Moritz) geweihten Rinder getötet und sich so dessen Zorn zugezogen. Gerade vor diesem Frevel hatte aber der Seher Teiresias Odysseus bei dessen Abstieg in die Unterwelt gewarnt, weil damit das Leben seiner Männer und seine Heimkehr gefährdet würden. Die Strafe vollstreckt Zeus an den Frevlern, da Helios ihm mit der Beendigung seiner 'Arbeit' als Sonne gedroht hatte, falls jene straffrei ausgingen. (Buch 11 u. 12 der Odyssee).
b) Zentrale Stellung Homers im Unterricht und im Bildungsgut Deutschlands jener Zeit.

M 5.7 Brief einer griechischen Mutter an ihren Sohn
Der ägyptische Papyrus liefert weitere Informationen über antikes Schulwesen: Studium in einer auswärtigen Stadt und Begleitung durch einen »Pädagogen«. Eine Mutter will vom Lehrer ihres Sohnes auch erfahren, wie weit dieser schon mit seiner Homerlektüre gediehen ist.

M 5.8 Ausschnitt aus einer antiken Bildtafel zur Ilias (Tabula Iliaca)

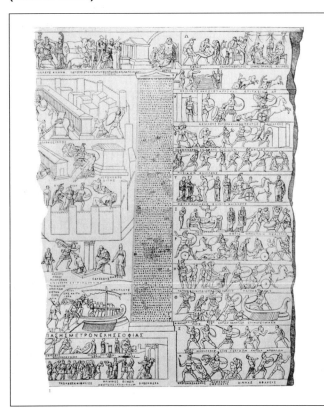

Das als Fragment erhaltene Original ist eine Marmorplatte aus der frühen Kaiserzeit, gefunden bei Rom (der Ausmaße H 0,25 m x Br. 0,28). Die Tafel war dreiteilig, zur Linken enthielt sie wohl einen weiteren Textstreifen und eine weitere Folge von Bildern mit Kommentar. Der hier nur zur Hälfte abgebildete mittlere Teil zeigt Szenen aus dem trojanischen Sagenkreis, dem sogenannten epischen Kyklos, der über die *Inhalte der Ilias* hinausging. Darum gruppieren sich die Informationen zur homerischen Ilias, von denen nur die rechte Textsäule mit den Inhaltsangaben der Bücher 7-24 (ohne Buch 13-15) und die von unten nach oben zu lesenden Bildinhaltsangaben der Bücher 13-24 (Buchzahl = jeweiliger Buchstabe des Alphabetes: N = 13, X =14; Q = 15; P = 16; R = 17; S = 18; T = 19; U = 20; F = 21; C = 22; Y = 23; W =24) erhalten sind.
Die Darstellung der Stadt Troja samt Mauern und Holzpferd findet sich oben links und muß im Originalzustand vor der Zerstörung des linken Teils in fast zentraler Position das Hauptthema »Troja« sinnfällig markiert haben. Das unten links abgebildete Schiff zeigt die Abfahrt des Aeneas und seines Vaters Anchises.
Zweck solcher Tafeln war die Veranschaulichung der Inhalte der Epen um Troja.

Lösung der Aufgaben
a) Zentrale Bedeutung Homers als Schulautor
b) Es soll ein Rollenspiel in Form eines Gespräches erarbeitet werden, in dem die bisherigen Informationen aus den Texten verwandt werden.
c) Er ist in Bezug auf einen Sklaven sehr ungewöhnlich, zeigt aber die Wertschätzung eines solchen Pädagogen.
d) Der Stoff fand über die griechischsprachige Welt hinaus Verbreitung.
e) Anschauungsmaterial im Unterricht.

M 5.9 Die Odyssee vor hundert Jahren und heute

Das beigefügte Bildmaterial und ein Hinweis auf Film und Fernsehen zeigen, daß als Folge der europäischen Bildungsgeschichte des 19. Jahrhunderts die Epen immer noch Erwähnung finden, wenn auch in anderer Gestalt. Das moderne T-Shirt enthält die Anfangsverse der Odyssee, nämlich die Verse 1-3, je einen Halbvers pro Zeile (s.o. M 5.4).
Das Titelblatt der Odyssee-Ausgabe von 1905 wird wahrscheinlich die Schüler zu Fragen motivieren, die

nur insofern mit dem Thema zusammenhängen, als die »deutsche« Schrift eine Variante der lateinischen war, die ihrerseits aus dem griechischen Alphabet stammt. Der Name »deutsch« ist zwar geläufig, aber irreführend; es handelt sich um die im Spätmittelalter entstandene »gotische« Schrift, die als Druckschrift wegen ihrer gebrochenen Buchstaben »Fraktur« genannt wird. Bis ins 19. Jahrhundert wurde sie gemeineuropäisch verwendet; das längere Festhalten an ihr — übrigens nur für deutschsprachige Texte! — war ein deutscher Sonderweg. Die »Sütterlin«, die erst nach dem 1. Weltkrieg als Schulschrift aufkam, war ihre letzte Form.

Das Verbot der »deutschen« Schrift geht auf einen Geheimbefehl Hitlers zurück, der 1941 im Zenit seiner militärischen Erfolge stand; Motiv war offenbar vor allem die Absicht, das Erlernen der deutschen Sprache durch die Unterworfenen zu erleichtern.

Regeln für den Gebrauch des »langen s«: Es steht ausschließlich zwischen zwei Vokalen in *derselben* Silbe. Von ihm leitet sich übrigens auch das sogenannte »sz« (ß) ab, das ursprünglich eine Ligatur von »langem« und »kurzem s« darstellt; konsequent muß es deshalb als Großbuchstabe als »SS« geschrieben werden.

Das »K« in der Preisangabe steht für die österreichische Krone; es ist wegen der Sprachenvielfalt in der Donaumonarchie lateinisch geschrieben.

Die Fraktur begegnet hier und da noch in der Werbung, z.B. auf Wirtshausschildern; sie soll Traditionsbewußtsein und »gute alte Art« suggerieren.

Lösung der Aufgaben
a) ODYSSEIA bzw. OMHROY ODYSSEIA (Homers Odysse; das H wird im Griechischen durch den *Spiritus asper,* einen vorgesetzten Haken, angedeutet, der aber bei Großbuchstaben entfällt.)
b) s. o.

M 5.10 Gaben
Die archaische Form des Gabentauschs ist auch Schülern dieser Altersstufe aus ihrer Lebenswelt vermittelbar. Der fiktive Text (Ausgangspunkt für Hektors Suche nach seiner Frau Andromache ist der Teil der Hektor-Andromache-Szene der Ilias, in der Hektor seine Frau nicht zu Hause antrifft, Buch 6,1369 ff.) macht darüber hinaus sinnfällig, daß in jener Gesellschaft die Webarbeit der Frauen die Grundlage für soziale Verkehrsformen schafft (Beratung, Bündnisse, Mahl und Gastgeschenke). Der Illustriertentext soll zeigen, daß Geschenke selbst auf politischer Ebene noch gegenwärtig eine Rolle spielen.

Lösung der Aufgaben
a) s.o.
b) Geschenke als 'Zahlungsmittel' einer geldlosen Gesellschaft.
c) Tausch von Gegenständen zur Begrüßung und als Erinnerungszeichen.
d) s.o.

Sachbücher zum Thema griechische Mythen sind:

> *Hans Baumann,* Flügel für Ikaros, München 1990;
> *Hans Baumann,* Löwentor und Labyrinth. Wie Troja, Mykenä und Knossos entdeckt und ausgegraben wurden, München 1987 (auch geeignet für Kapitel 4);
> *Richard Carstensen,* Griechische Sagen, München 1990;
> *Paul Hühnerfeld,* Der Kampf um Troja. Griechische Sagen, München 1986;
> *Walter Jens,* Ilias und Odyssee, illustr. v. Martin u. Alice Provensen, 14. Aufl. 1988;
> *Auguste Lechner,* Ilias, Innsbruck 1977;
> dies., Die Abenteuer des Odysseus, Innsbruck 1978.

6. Tyrannis und Kolonisation

Einführung (vgl. dazu auch Basiswissen S. 12 ff.)
Das 7. und 6. Jahrhundert v. Chr. war eine Zeit der Unruhe und des Umbruchs. Landnot verursachte Grenzkonflikte zwischen den Stadtstaaten. Das nichtadlige Volk spielte dabei eine bedeutendere Rolle. In vielen Städten regulierten die am Konflikt beteiligten Parteien die Streitigkeiten, häufig über einen Schiedsrichter, der den Staat neu ordnete und manchmal schriftliche Gesetze erließ. Wo das nicht gelang, ergriff ein einziger Adliger die Macht, der Tyrann, so auch auf der Insel Lesbos.

Die Tyrannis ging oft aus den Kämpfen rivalisierender Adelsgruppen hervor. Der Sieger drängte die Verlierer in die Verbannung und suchte das Volk — etwa durch Landverteilung — zu befriedigen. So war der Tyrann nicht nur machtgieriger Despot, sondern auch derjenige, der dem Volk letztlich den Weg zur Herrschaft bahnte, indem er die Adelsherrschaft abschaffte.

Die Kolonisation zwischen dem 8. und 6. Jahrhundert v. Chr. hatte sowohl wirtschaftliche Ursachen wie wachsende Bevölkerung, knapper werdender Boden, Verdrängung der Kleinbauern durch den Adel, als auch politische Gründe, wenn z.B. die in den Adelskämpfen Unterlegenen weichen mußten.

Didaktische Hinweise
Mit Hilfe der Gestalt der Dichterin Sappho sollen den Schülern und Schülerinnen die Auswirkungen des abstrakten Phänomens Tyrannis faßbarer werden.
Je nach Vorwissen kann der Begriff der Tyrannis und des politischen Exils im Unterrichtsgespräch durch den Vergleich mit totalitären Regimen der Gegenwart erarbeitet werden. Ansonsten sollte der Lehrer mit dem Kontrast »Alleinherrscher — Regierung mit vielen Politikern« arbeiten.

E Unterrichtshilfen

Zu den Materialien

Übersicht

Themen	Methoden	Materialien
Sappho	Bildbetrachtung	M 6.1
	Textanalyse, Aufgaben	M 6.2
	Textanalyse, Aufgaben	M 6.3
Lebenswelt	Textanalyse	M 6.4
	Bildbetrachtung, Aufgaben	M 6.5
Kolonisation	Bildbetrachtung	M 6.6
	Textanalyse, Aufgaben	M 6.7
	Textanalyse	M 6.8
	Kartenarbeit	M 6.9

M 6.1 Griechische Haartrachten

1 mit doppelt geflochtenem Zopf; 2 mit aufgebundenem Schopf; 3 mit Haarschleife; 4 mit Haarrolle; 5 mit Knoten; 6 mit länglicher Haarrolle (um 565 v. Chr.); 7 Melonenfrisur; 8 mit Tuch; 9 mit Haube; 10 mit gestickter Haube (um 550 v.Chr.).

M 6.2 Das Gedicht der Sappho an ihre Tochter — zweimal

Der Originaltext, der erst 1939 und 1941 veröffentlicht wurde, ist nur bruchstückhaft auf zwei Papyri überliefert. Die hier abgedruckte Version 1 ist die die textkritische, zweisprachige Version von Max Treu mit den üblichen Textmarkierungen; man sieht also, wieviel Ergänzungsarbeit an solchen Texten geleistet wird und wie sehr das die Interpretation letztendlich beeinflußt:
( ) = Lücke im antiken Text mit vorgeschlagener Ergänzung
... = unleserliche Buchstaben
Version 2 ist eine etwas freiere Übertragung durch Marion Giebel.
Entstanden ist das Gedicht wahrscheinlich während Sapphos Exil auf Sizilien.

Lösung der Aufgaben
a) Nr. 6 und Nr. 10 (stimmen am ehesten von der Datierung mit dem Gedicht überein).
b) Von Vasenbildern, Münzen, Schmucksteinen oder Statuen
c) **in der Präsentation**: Version 1 mit den Ergänzungen und in Strophenform, Version 2 freiere Übertragung;
im Inhalt: durch die unterschiedlichen Übersetzungen enthält Gedicht 1 die Anspielung auf den Tyrannen Myrsilos = Mitglied der Kleanaktidenfamilie und verantwortlich für Sapphos erste Verbannung sowie den Hinweis auf Pittakos als den Mann aus Mytilene = verantwortlich für die zweite Verbannung Sapphos.
Gedicht 2 dagegen verweist nur auf Pittakos und die 2. Verbannung Sapphos; Herausarbeitung dieses Aspektes nur in Kombination mit M 6.3 möglich.

M 6.3 Über Tyrannenherrschaft auf Lesbos
Der Text aus einer Biographie über Sappho zeigt vor allem, daß die Tyrannis geprägt war durch Auseinandersetzung unter den Adelsgeschlechtern. Die Zugehörigkeit Sapphos zu dieser Schicht ergibt sich aus dem Text und aus M 6.2.

Lösung der Aufgaben
a) Sie gehörte zweimal zu der Widerstand gegen einen Tyrannen (1. gegen Myrsilos, 2. gegen Pittakos) leistenden Adelsgruppe.
b) Den 2. Tyrann Pittakos.
c) Sie war im Exil auf Sizilien und war ihrer Mittel beraubt; vgl. dazu den Hinweis auf »Konfiskation« in M 6.3.
d) —
e) Artikel 16 (2) des Grundgesetzes lautet: »Politisch Verfolgte genießen Asylrecht«.

M 6.4 Bäuerliches Leben
Die Zitate stammen aus den »Werken und Tagen« des Dichters Hesiod, der um 700 v. Chr. als Hirt und Bauer in bescheidenen Verhältnissen lebte. Er vermittelt als Gegenbild zur adligen Lebensform die bäuerliche Welt der archaischen Zeit. Darüberhinaus bietet sein Text eine mögliche Erklärung für die Kolonisationsbewegung

an, nämlich Landknappheit und Engpässe bei der Bewirtschaftung.

M 6.5 Griechische Landschaften

Die Bilder unterstreichen, obschon aus der Gegenwart stammend, die Mühen einer Landwirtschaft auf kargem Boden. Hinzukommen das ungünstige Verhältnis von Aussaat und Ernte (1:3 Körner) und die Abhängigkeit der Bauern vom Wetter. Zur Aktualisierung bieten sich Parallelen zur »Dritten Welt« an.

Lösung der Aufgaben
a) Probleme einer von der Hand in den Mund lebenden bäuerlichen Wirtschaft (Subsistenzwirtschaft); s. auch oben
b) Herren, die ausbeuten (Adel); Angst vor Dieben
c) Zu Hesiods Zeiten muß die Landschaft noch nicht so ausgesehen haben. Es ist aber erwiesen, daß im antiken Griechenland Verkarstung durch Raubbau und Übernutzung früh begonnen hat.
d) Der Zusammenhang zwischen Ernte und Wetter besteht auch noch in der heutigen Landwirtschaft; Agrarprobleme der »Dritten Welt«.

M 6.6 Griechisches Segelschiff
Die Abbildung stammt von einer attischen Schale um 540 v. Chr.

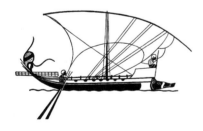

M 6.7 Griechische Kolonisation — ein Schiff verläßt Sparta
Der Historiker Herodot (um 484-425 v. Chr.) beschreibt im 4. Buch (147-148) die mythische Gründung Theras. Merkmale einer solchen Auswanderung und Neugründung waren die Leitung der Erstsiedler durch einen Adligen, die Benennung der Siedlung nach ihm und das Zusammenleben mit der Urbevölkerung.

Lösung der Aufgaben
a) »Arbeitslosigkeit« eines Herrschers
b) Auf eine Herrschaft der Eingewanderten über die Urbevölkerung
c) z.B. politische Verfolgung und Armut

M 6.8 Die Kolonisation geht weiter
Dieser zweite, freier übertragene Herodot-Text ergänzt die Motive für eine Koloniegründung, weil in ihm die wirtschaftlichen Gründe für ein Verlassen der Heimat sichtbar werden. Überdies wird hier am »praktischen« Beispiel einer Koloniegründung die Bedeutung des Orakels von Delphi deutlich.

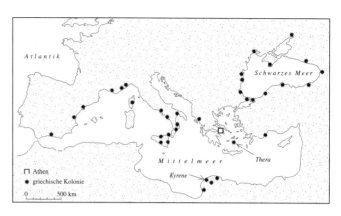

M 6.9 Die griechischen Kolonien
Die Ausmaße der griechischen Kolonisation zeigen sich beim Nachzeichnen der Route. Verknüpfungen bieten sich zur Schriftausbreitung und zum Sappho-Thema (ihre Exilorte) an. Auch sie verdeutlichen die Verbreitung der Griechen über den Mittelmeerraum.

> Sachbuch zum Thema antike Seefahrt:
> Carl W. Weber, Segel und Ruder. Die Welt des Meeres bei den Griechen, Zürich/ München 1988.

Lösung der Aufgaben
a) Sparta > Thera > Kyrene
b) z.B. in Luftlinie von...nach ...
c) Absegnung der Koloniegründung durch göttliche Instanz; heute: Segen für die Fahrt und Schutz eines Heiligen.
d) Indem man die Lage der Kolonien betrachtet. Wenn sie innerhalb einer fruchtbaren, landwirtschaftlich nutzbaren Landschaft liegen, war ein Grund sicherlich, bebaubaren Boden zu besitzen. In weniger günstigen Gebieten aber und zudem noch in Nähe von Produktionsstätten (anderer Völker) wird der Handel eine Hauptrolle gespielt haben.
e) Die Beschaffung von Gütern hatte eine ältere Tradition; die Kaufleute wußten sehr genau um die Beschaffenheit der Küsten.

E Unterrichtshilfen

7. Sparta

Einführung (vgl. dazu auch Basiswissen S. 15 ff.)
Sparta beherrschte den südlichen Teil der Peloponnes. Im 6. Jahrhundert v. Chr. führten seine Heere auch außerhalb und in der gesamten Ägäis Kriege. Solcher Herrschaftsanspruch war mit Entbehrungen im Inneren erkauft. War noch um 600 v. Chr. der Fernhandel bedeutsam gewesen, so hörte die Einfuhr von Luxusgütern im Laufe der folgenden Jahrzehnte fast völlig auf. Wirtschaftliche Neuerungen wurden bewußt nicht übernommen. So galt nach wie vor als Währung der Eisenbarren, nicht das Münzgeld, das sich nach seiner Erfindung um 600 an der kleinasiatischen Küste als gutes Zahlungsmittel schnell ausbreitete.
Auch die soziale Struktur war auf Beharrung ausgelegt. Konservativ und durch Disziplin, ja Grausamkeit geprägt war die Erziehung. Die Elite der Spartiaten war auf die Arbeit der unterdrückten und versklavten Bevölkerung zum Erhalt des politischen Systems angewiesen.

Didaktische Hinweise
Am Beispiel Spartas lernen die Schüler und Schülerinnen politische Spielregeln und den gesellschaftlichen Aufbau einer eher adelsstaatlich ausgerichteten griechischen Polis kennen.

Zu den Materialien

Übersicht

Themen	Methoden	Materialien
Die Verfassung	Textanalyse, Bastelbild, Aufgaben Textanalyse Landkarte; Aufgaben	M 7.1 M 7.2 M 7.3
»Ein Staat der Gleichen?«	Textanalyse Bildbetrachtung, Aufgabe Textanalyse, Aufgaben Textanalyse, Aufgaben	M 7.4 M 7.5 M 7.6 M 7.7
Militär	Bildbetrachtung Textanalyse	M 7.8 M 7.9
Erziehung	Textanalyse, Aufgaben Bildbetrachtung Textanalyse, Aufgaben	M 7.10 M 7.11 M.7.12

M 7.1 Über den Ursprung des spartanischen Staates
Der Text über die spartanische Verfassung stammt aus der Lykurg-Biographie von Plutarch (um 46 n. — nach 119 n. Chr.). Die (mythische) Person des Lykurg steht letztlich symbolisch für den Prozeß einer Herausbildung von Regeln, die zum staatlichen Zusammenleben einer Gruppe notwendig sind (s. auch M 7.2). Wichtige Organe der Polis sind der Rat, die Volksversammlung und die Beamten. Es gibt zwei Könige; ihnen zur Seite stehen Oberbeamte, die Ephoren.

Lösung der Aufgaben
a) Abb. 1
b) 28

Abb. 1

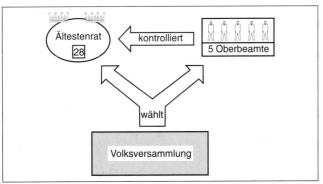

M 7.2 Wer sind die Ältesten und wer ist das Volk in Sparta?

M 7.3 Spartanisches Einflußgebiet auf der Peloponnes

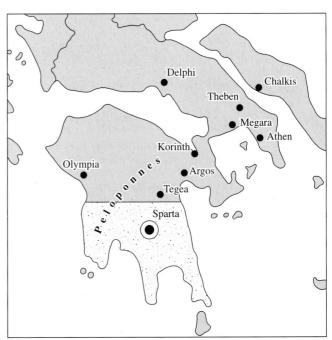

Unterrichtshilfen E

Das Interview mit Lykurg soll neben weiteren Informationen über die Verfassung besonders die Vorbedingungen der spartanischen Vollbürgerschaft klären, von der die Mitgliedschaft in den Organen der Polis Sparta abhing. In Verbindung damit dient die Karte Spartas im Vergleich zu anderen Poleis und die anschließende Frage nach dem Verhältnis der Zahl der Spartiaten zur Größe des spartanischen Einflußgebietes der Überleitung zum Themenkomplex »Gesellschaftsstruktur« in Sparta und soll die Schüler und Schülerinnen dazu bringen, in Anlehnung an die Überschrift »Wer ist das Volk von Sparta?« den Begriff des Volkes zu relativieren.

Lösung der Aufgaben
a) Aufgaben der Volksversammlung: Wahl der Mitglieder des Ältestenrates und der Oberbeamten, Entscheidungen über Krieg und Frieden, Bündnisverträge und Gesetzgebung
Aufgaben des Rates: Vorbereitung der Arbeit der Volksversammlung
Mitgliedschaft im Ältestenrat: 60 Jahre und bewährter Spartiat
Mitgliedschaft in der Volksversammlung: jeder Spartiat = Besitz des Landstückes, Teilnahme am Gemeinschaftsessen, spartanische Erziehung
b) Spartiaten waren ein nur geringer Teil der Gesamtbevölkerung bei gleichzeitig riesiger Ausdehnung ihres Territoriums im Vergleich zu anderen Poleis.

M 7.4 Ein Staat der Gleichen?
Die — hier vereinfachte — Quelle stammt aus der »Verfassung der Lakedaimonier« des athenischen Historikers Xenophon (etwa 430-355 v. Chr.). Sie zeigt, was das eigentliche Prinzip der spartanischen Lebensführung war, nämlich die Freistellung der Vollbürger für die politische und militärische Betätigung.

M 7.5 Eisengeld

Abbildungen des spartanischen Geldes, des sogenannten Pelanor, konnten nicht ermittelt werden. Es ist aber mit dem hethitischen aus Kleinasien vergleichbar. Die Revolutionierung der Wirtschaft durch die Einführung des Münzgeldes aus Edelmetallen (vgl. Einleitung) machte Sparta nicht mit, auch ein Zeichen für ein konservatives System.

Lösung der Aufgabe
Sparta schottete sich bewußt von der übrigen Welt ab, die Münzen aus Edelmetall verwendete.

M 7.6 Die Nicht-Spartiaten kommen zu Wort
Die beiden Textteile sind nach Einzelinformationen aus »Das Gelehrtenmahl« des Athenaios (um 200 n. Chr.) gestaltet und sollen den Blick auf die Bevölkerungsgruppen richten, die für die Spartiaten körperliche Arbeit und Handwerk leisten. Im Aufgabenteil zu diesem Text werden noch zwei Komplexe angeschnitten, nämlich der Vergleich mit den Gastarbeitern in Deutschland und die Möglichkeit einer Revolte in Sparta. Als Hilfestellung zu letzterer Frage muß der Lehrer Informationen über die Helotenaufstände beisteuern.

Lösung der Aufgaben
a) Frauen und Kinder, alte Menschen; das Verhältnis von Spartiaten zu Periöken zu Heloten betrug 1:1:7.
b) Aus Angst vor Aufständen; vgl. dazu die Anzahl der Heloten-Bevölkerung!
c) Möglicher Zusammenschluß der Periöken und Heloten gegen die Spartiaten und *Aufstand*.
d) — vgl. Skizze Abb. 2
e) —

Abb. 2

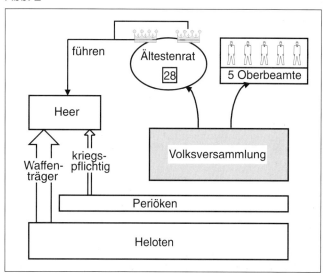

M 7.7 Eine Erklärung?

Lösung der Aufgaben
a) Die Heloten galten den Spartanern als ständige Bedrohung, vor allem seit den Aufständen. Zusammen mit den anderen Spartiaten-Familien in Sparta zu leben war sicherer als getrennt auf den Gütern; — oder anderes Erklärungsmuster für diese Lebensform: Größe des Territoriums erfordert spezielle militärische Ausbildung und enges Gruppenbewußtsein, das nur durch 'Kasernierung' der Vollbürger zu erreichen ist.
b) Sie paßt zum Gesamtbild Spartas und kann wahr sein; gesichert ist sie aber nicht.

M 7.8 Hoplitenphalanx (Folie in der Medientasche)

Die Abbildung stammt aus der Mitte des 7. Jahrhunderts v. Chr. Die spartanische Phalanx bestand aus

43

E Unterrichtshilfen

acht Gliedern (Reihen), beim Angriff etwa *im Abstand von* 1 m hintereinander stehend. Die *frontale* Ausdehnung betrug bei 8.000 Mann etwa 1km.

M 7.9 Ein Gedicht des Tyrtaios
Das Gedicht des Tyrtaios, der zwar verschiedenen antiken Überlieferungen zufolge wahlweise aus Athen, Milet oder Sparta stammte, illustriert dennoch das Ideal einer militärischen Lebensführung.

Lösung der Aufgaben
a) Das Gedicht soll die Krieger zum Kampf anfeuern.
b) Gut zu erkennen sind Helme, Speere und Schilde, nicht die Schwerter und die Beinschienen.
c) Die Phalanx wirkte durch die Wucht der Masse und Disziplin. Dagegen hing beim adligen Zweikampf, wie er z.B. in der Ilias geschildert wird, alles von der Kondition des Einzelnen ab.
d) Alle kämpften gleichermaßen zu Fuß und waren gleich bewaffnet.
e) Sparta konnte sich sicher fühlen, weil die Spartiaten stets kampfbereit waren.

M 7.10 Über die Erziehung der Jungen in Sparta
Der Text stammt aus der Feder des englischen Historikers Hooker und basiert auf Angaben von Plutarch und Xenophon. Er schätzt deren Angaben als zutreffend, jedoch auch idealisierend ein.

Lösung der Aufgaben
a) Vorbereitung für das entbehrungsreiche militärische Leben, notwendig aus Furcht vor Rebellion der unterdrückten Bevölkerung
b) z.B. spartanische Lebensweise, spartanische Verhältnisse

M 7.11 Spartanische Läuferin

M 7.12 Ein spartanisches Mädchen erzählt
Der Text ist nach Einzelinformationen aus Athenaios' »Gelehrtenmahl« und aus Plutarchs »Lykurg« gestaltet. Er bringt Einblicke in die Lebensweise der Spartiaten, ihr Erziehungswesen und Familienleben. Durch Anfertigen der Steckbriefe der einzelnen Familienmitglieder lassen sich die geschlechtsspezifischen Bereiche und der soziale Aufbau herausarbeiten. Die Oberschichtorientierung dieser Gesellschaft kann der Lehrer auch an dem Problem deutlich machen, inschriftlich belegte Individualnamen der Heloten und Periöken zu finden — nur ein Name war der Verfasserin trotz intensiver Suche zugänglich.

Lösung der Aufgaben
a) —
b) Die Quellen sind an der Oberschicht der Spartaten orientiert, einzig der Name eines als Olympiasieger belegten Periöken, nämlich des Nikokles (M 7.6), ist inschriftlich nachweisbar.

8. Athen

Einführung (vgl. dazu auch Basiswissen S. 17 ff.)
Die politische Entwicklung in Athen nahm eine andere Richtung als in Sparta. Solon (um 640-560 v. Chr.), aus vornehmem Adelsgeschlecht, befreite die Armen von ihren drückenden Schulden. Die Macht des Erbadels hob er dadurch auf, daß (adlige) Abstammung nicht mehr die Voraussetzung für ein Regierungsamt zu sein brauchte. Fortan war es an Einkommen und Besitz gebunden. Das Maß bezog sich, ein Hinweis auf die vormonetäre Wirtschaft, auf Scheffel Korn. Die vier Klassen waren abgestuft: 500-Scheffler, 300-Scheffler, 200-Scheffler, Theten (etwa 'Tagelöhner').
Kleisthenes brach gegen Ende des 6. Jahrhunderts die Macht des Adels endgültig, indem er eine völlige Neuordnung Athens durchsetzte. Seine Neueinteilung der zehn Phylen unter Einbeziehung der Regionen Attikas (die Küste und das Innere) zerschnitt alte Grenzen. Kleisthenes gilt als der Einiger des athenischen Staates.

Didaktische Hinweise
Die für diese Altersstufe sehr schwierigen Einzelheiten der sozialen und politischen Reformen werden hier vor allem durch fiktionale Texte und Schaubilder nähergebracht. Es sollte im Unterricht nicht so sehr auf Details ankommen; vielmehr sind anhand der Materialien die Grundgedanken herauszuarbeiten, die heute noch von größter Bedeutung sind:
– soziale Befriedung durch Ausgleich von Spannungen, die zur Revolution führen können, durch Umverteilung (Schuldenerlaß und damit Einkommensverzicht der Reichen)
– politische Reformen »mit Augenmaß« bei Solon
– Integration der verschiedenen Landesteile Attikas (Stadt, Land, Küste) bei Kleisthenes.
Die politische Stabilität Athens im 5. Jahrhundert beruhte im wesentlichen auf dem allmählichen, schrittweisen Übergang zur Demokratie.

Unterrichtshilfen E

Zu den Materialien

Übersicht

Themen	Methoden	Materialien
Solons Reformen	Bildanalyse, Aufgaben Textanalyse, Aufgaben Textanalyse Bildanalyse, Aufgaben, Bastelarbeit	M 8.1 M 8.2 M 8.3 M 8.4
Kleisthenes' Reformen	Textanalyse Bildanalyse Graphik, Aufgaben, Bastelarbeit	M 8.5 M 8.6 M 8.7
Ein Metöke	Textanalyse, Aufgaben	M 8.8

M 8.1 Ölbaumpflanzung heute und Ackerbau auf einer Vase des späten 6. Jahrhunderts v. Chr.

Attika, also die Region um Athen, war ein bedeutendes Zentrum des Olivenanbaus. Öl war ein wichtiges Ausfuhrprodukt. Der Getreideanbau konnte hingegen nicht einmal den einheimischen Bedarf decken.

Lösung der Aufgaben
a) mit dem Hakenpflug, dem Ard, der den Boden nur aufreißen, nicht wenden kann. Zugtier war der Ochse.
b) Nahrungsmittel (Fett); Brennstoff (Öllampen); Massagemittel (s. Olympia).

M 8.2 Ein Sechstellöhner aus Attika erzählt

Der fiktive autobiographische Bericht eines Sechstellöhners (u.a. nach Pausanias' »Beschreibung Griechenlands«) zeigt die Probleme der vorsolonischen Agrarkrise, die eine Schuldenkrise war. Vgl. dazu auch die Hesiodzitate (M 6.4): Subsistenzwirtschaft, Abhängigkeit vom Wetter und *geringe* Größe des zu bewirtschaftenden Landstücks. Verschärfend wirkte sich die Realteilung aus. Die Schulden werden hier in Form von Saatgut definiert. Die bäuerliche Arbeitswelt jener Zeit bestand aus Viehhüten, Ackerbau sowie Oliven- und Weinanbau.

Lösung der Aufgaben
a) Schuldsklaverei: Haftung mit der ganzen Person
Sechstellöhner: Abgabe des 6. Teils der Ernte
b) Landknappheit, Mißernten, Erbteilung
c) s. Text.

M 8.3 Solons Reformen — Athen auf dem Weg zur Demokratie?

Die Quellen zur solonischen Reform sind gekürzt. — Solon, anders als Lykurg historisch faßbar, beendet beide schuldenbedingten Abhängigkeitsverhältnisse. Sein *politisches* Reformwerk kann im Vergleich zur Verfassung Spartas (s. M 7.1) behandelt werden. Organe sind auch hier Rat, Volksversammlung und Beamte.

M 8.4 Ständer mit den Gesetzen Solons

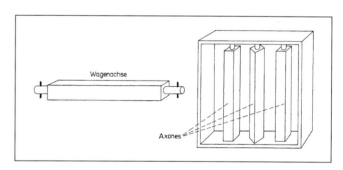

Abb. 3

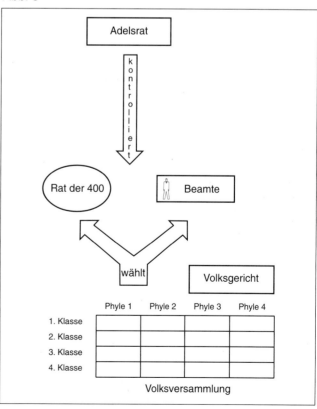

E Unterrichtshilfen

Lösung der Aufgaben
a) Abb. 3
b) Aufgaben der Volksversammlung: Wahl der Mitglieder des Rates und der Oberbeamten, Entscheidungen über Krieg und Frieden, Bündnisverträge und Gesetzgebung; Aufgabe des Rates: Vorbereitung der Arbeit der Volksversammlung
c) Das Gespann wendet am Ende der Furche und pflügt in entgegengesetzter Richtung.

M 8.5 Streitgespräch zwischen Kleisthenes und Isagoras

Die institutionelle Weiterentwicklung durch die Kleisthenischen Reformen wird im fiktiven Streitgespräch zwischen den Adligen Kleisthenes und Isagoras deutlich. Isagoras, Anführer des athenischen Adels, war Widersacher des Kleisthenes.

M 8.6 Überreste eines Scherbengerichtes

Abb. 4

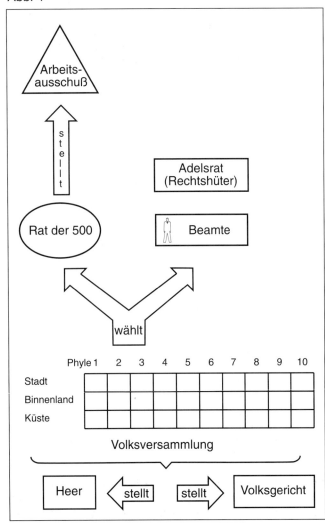

Durch das von Kleisthenes eingeführte Scherbengericht konnte jeder unerwünschte Bürger für zehn Jahre verbannt werden. Der Name wurde auf eine Scherbe geritzt. 6.000 Stimmen waren zu einer Verurteilung notwendig.

Lösung der Aufgaben
a) Aristeides (Sohn des) Lysimachos; Kimon (Sohn des) Miltiades
b) Einbeziehung des Landes in die politische Arbeit (keine Hausmacht für führende Familien in einem Bezirk)
c) Abb. 4
d) Größere Beteiligung an der Volksversammlung, mehr Organe

M 8.7 Das athenische Stadtgebiet

Die Phylenreform vollziehen die Schüler und Schülerinnen durch das farbliche Ausmalen der Trittyen nach. Erst dann kann der Lehrer die Frage nach dem Sinn der Reform stellen — der Begriff der »Mischung« sollte der Ausgangspunkt für die Vermutungen der Schüler und Schülerinnen sein. Die stärkere Einbeziehung des Landes und der nicht-städtischen Bevölkerung wird an dem Schaubild deutlich.

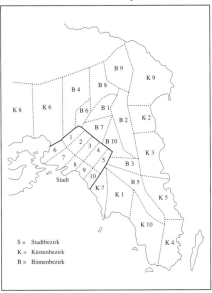

M 8.8 der Metöke Kephalos macht seinem Unmut Luft

Die Metöken in Athen ähneln sehr den Periöken Spartas, allerdings gibt es auch Unterschiede. Sie liegen vor allem in der Inhomogenität der Gruppe der Metöken und im Verbot von Grundbesitz. An der Abgrenzung der athenischen Bürger von den Metöken läßt sich klarmachen, daß die »Demokratie« in Athen eine Demokratie der Vollbürger unter Ausschluß großer Bevölkerungsgruppen war. Deren Interesse an diesen Mitbewohnern lagen insbesondere auf wirtschaftlichem Gebiet (Handel und Handwerk). Die Metöken kamen nach Athen, weil ganzjähriger Handel ihre Anwesenheit am Ort erforderte.

Lösung der Aufgaben
a) als Gegenwartsbezug kann sich hier ein Vergleich mit der Stellung der Gastarbeiter anschließen.
b) Aus Sicht der Polis: Handel ohne Integration in die Gemeinschaft der Politen; aus Sicht der Metöken: *Möglichkeit zum Handel* bestimmt die Wahl des Wohnortes

9. Die Griechen und die anderen Völker

Einführung (vgl. dazu auch Basiswissen S. 19)
Griechen und Perser, die Perserkriege sowie der Peloponnesische Krieg gehören in den Richtlinien fast aller Bundesländer zum Themenkanon, allerdings in unterschiedlicher Gewichtung. Es versteht sich von selbst, daß der vorliegende Band auf kriegsgeschichtliche Materialien verzichtet und statt dessen die sozial-, wirtschafts- und kulturgeschichtlichen Aspekte der Thematik »Griechische Antike« hervorhebt. Der Einsatz dieser Materialien ist nicht streng an eine Chronologie gebunden.

Didaktische Hinweise
Das Thema knüpft an den Erfahrungshorizont der Schülerinnen und Schüler an und hat einen starken Gegenwartsbezug. Die Andersartigkeit des Einzelnen als Eigenart verstehen lernen, auf die nicht herabgesehen werden darf, wenn ein friedliches Zusammenleben gewährleistet sein soll, kann dabei als übergeordnetes Lernziel zugrundegelegt werden. Die Aktualität dieses Themas kann den Schülerinnen und Schülern vermitteln, daß die Beschäftigung mit der fernen Antike auch für die Jetztzeit noch lohnend sein kann. Daß Selbstkritik und Toleranz im Umgang mit Fremden, Anderen, nötig sind, läßt sich sehr gut am Beispiel des Peloponnesischen »Bruderkrieges« und letztlich am Untergang Griechenlands zeigen. Vergleiche mit dem deutsch-deutschen Verhältnis nach der Vereinigung, mit den Problemen der Europäischen Union, vor allem aber mit der Bedrohung durch einen neuen ausländerfeindlichen Nationalismus bieten sich förmlich an. Dabei hilft der Geschichtsunterricht, indem er sich das Erkennen von Mehrdimensionalität und die Einübung von Multiperspektivität zum Ziel setzt. Die Griechen, die zu einer Harmonisierung und Idealisierung der Zustände bei sich selbst neigten, wurden im römischen Reich teilweise selbst zu Sklaven.

Zu den schriftlichen Quellen, die in Hinblick auf die Lesefähigkeit der Lerngruppen kurzgehalten und durch Auslassungen vereinfacht wurden, ist anzumerken, daß sie immer aus der Perspektive der Griechen geschrieben sind. Äußerungen von »Barbaren« liegen nicht vor, sie bleiben für uns weitgehend stumm. Um die Perspektive der Fremden genügend zu berücksichtigen, ist die Karte gut geeignet, da sie anschaulich vermittelt, wie der Rest der Welt zum »Barbarenland« erklärt wird. Das Auswerten der Karte ist ein wichtiges Arbeitsziel, bedarf aber der Anleitung durch Lehrerin bzw. Lehrer. Ähnliches gilt für die Vasenbilder, die für die heutige Zeit ungewohnte visuelle Darstellungen sind. Gerade auf diese Weise aber kann den Schülerinnen und Schülern die Antike nähergebracht werden. Ein Museumsbesuch – oftmals verfügen auch kleine Städte über Museen, in denen zumindest einige antike Vasen ausgestellt sind – kann, verbunden mit entsprechenden Arbeitsaufträgen, zur Vertiefung dienen.

Zu den Materialien

Übersicht

Themen	Methoden	Materialien
»Barbaren sind Sklaven«	Textinterpretation; Diskussion, Aufgaben	M 9.1
Griechen und Perser	mündlicher Textvergleich in der Klasse, Aufgaben	M 9.2
Das Verhältnis von Griechen zu Griechen	Textinterpretation, Aktualisierung, Aufgaben	M 9.3
Völker der Alten Welt	schriftliche Kartenauswertung, Einzel- oder Gruppenarbeit, Aufgaben	M 9.4
Griechische und persische Krieger	schriftliche oder mündliche Bildinterpretation, Aufgaben	M 9.5

M 9.1 »Barbaren sind Sklaven«

Lösung der Aufgaben
a) Die Griechen hatten zur Zeit des Euripides die frühere Herrschaft von Königen längst abgeschüttelt und waren stolz auf ihre Bürgerfreiheit.
b) Die fremden Sitten und Gebräuche, denen sie sich nicht anpassen will, weil sie, die Freie, dadurch zur Sklavin würde. Lieber will sie sterben.
c) Unter uns leben viele Ausländer, denen unsere Lebensweise fremd ist (z.B. Muslime). Uns wie ihnen ist die Aufgabe gestellt, einander verstehen und achten zu lernen. Dies gilt auch für den Urlaub in fremden Ländern.

M 9.2 Griechen und Perser

Lösung der Aufgaben
a) Auflistung:
 1) Gemeinsame Abstammung (»Blut«)
 2) Gleiche Sprache
 3) Gleiche Religion
 4) Gleiche Sitten (z.B. Kleidung, politische Organisation).
b) Sie leben unter der Herrschaft von Königen (vgl. die Auffassung Helenas in M 9.1).

M 9.3 Das Verhältnis von Griechen zu Griechen
Der Lehrer sollte bei diesem Platon-Text die starke Ideologisierung und Idealisierung im Auge behalten —

E Unterrichtshilfen

die griechischen Poleis behandelten einander keineswegs immer nach Platons Freund–Feind–Modell, z.B. in den immer wieder aufflackernden Auseinandersetzungen zwischen Athen und Sparta oder gar im Verlauf des Peloponnesischen Krieges.

Schüler dieser Stufe werden diese Struktur allenfalls im Ansatz erkennen können. Es kommt deshalb hauptsächlich darauf an, das gefährliche Grundschema solchen Denkens zu erfassen, das die eigenen Leute uneingeschränkt positiv, Fremde jedoch ebenso negativ sieht.

Lösung der Aufgaben
a)

Griechen gegen Griechen	Griechen gegen Fremde
Schonung des Landes	Verwüstung
Schonung der Wohnungen	Verbrennung der Häuser
Bestrafung der Schuldigen	Bestrafung aller

b) Soweit auf dieser Schulstufe möglich, können Bezüge zur Gegenwart, die immer wieder Analogien in Fremdenhaß und Völkermord hervorbringt, hergestellt werden. Da es sich um historischen Anfangsunterricht handelt, muß der naheliegende Bezug zur NS–Ideologie, wenn gewünscht, vom Lehrer hergestellt werden.

M 9.4 Völker der Alten Welt
Der Arbeitsauftrag, der die Schülerinnen und Schüler mit systematischer Kartenarbeit vertraut machen soll, ist zeitaufwendig und kann, je nach Lerngruppe, eine ganze Unterrichtsstunde in Anspruch nehmen. Gegebenenfalls sollte die Fertigstellung als Hausarbeit aufgegeben werden.

Lösung der Aufgaben
a) Abgesehen vom Kernland besiedelten die Griechen lediglich die Küsten der *Binnenmeere* Mittelmeer und Schwarzes Meer; ihre Verbindungen untereinander wurden durch Schiffahrt hergestellt.
b) Es bietet sich an, die heutigen Länder alphabetisch ordnen zu lassen: (Übersicht nebenstehend)

M 9.5 Griechische und persische Krieger
Schülerinnen und Schüler sollen Bilder als historische Quellen kennenlernen und systematisch in eine Bildbetrachtung eingeführt werden, die zum genauen Hinsehen zwingt. Dazu dient eine detaillierte Fragestellung.

Lösung der Aufgaben
a) Der griechische Soldat, schwer gerüstet (ein Hoplit), wirkt zum Kampf bereit. Der persische Krieger scheint dagegen mit weit geöffneten Armen und großen Schritten auf der Flucht zu sein und wirkt nicht kämpferisch, sondern eher schwach und besiegt. Interessant ist auch die Darstellung der Gesichter: Der persische Krieger sieht abstoßend aus, vergleichbar Fabelwesen und Unholden auf griechischen Vasenmalereien, der griechische dagegen wirkt edel.
b) Dem — griechischen — Maler erscheint der persische Krieger unheimlich und fremd. Der Maler des griechischen Kriegers sieht diesen positiv.
Die Äußerungen der bildlichen Quellen stimmen mit den schriftlichen überein.

Heutiges Land	Damaliges Volk
Ägypten	Ägypter
Armenien	Armenier
Bulgarien	Thraker
Deutschland	Germanen (im Norden); Kelten (im Süden)
Frankreich	Kelten
Großbritannien	Kelten
Iran	Meder, Elamíter, Perser
Italien	Ligúrer, Etrusker, Italiker, Sarden, Síkuler, Sikáner, Griechen (Verweis auf die Kolonisation)
Jordanien	Nábatäer
Jugoslawien (ehem.)	Illyrer
Kasachstan	Skythen
Libyen	Libyer
Rußland	Sauromáten
Saudi-Arabien	Araber
Schweiz	Räter
Spanien	Keltíberer, Iberer
Syrien	Aramäer
Türkei	Kappadókier, Phryger (Anatolien), Lyder, Karer, (Westtürkei), Kilíker (Südtürkei)
Tunesien	Karthager
Ukraine	Skythen

10. Die Griechen und ihr Verständnis von Arbeit

Einführung (vgl. dazu auch Basiswissen S.19 f.)
Die Unterrichtslinien für die Behandlung der attischen Demokratie sehen den Vergleich von Verfassungsanspruch und gesellschaftlicher Wirklichkeit vor. In diesen Zusammenhang lassen sich die hier vorgelegten Materialien einbinden, denn sie verdeutlichen, daß idealtypisch am politischen Leben in der attischen Polis nur diejenigen teilhaben konnten, die frei von Arbeit waren — eine kleine Minderheit also, die keinerlei Existenzprobleme hatte, während der weitaus größere Teil der Bevölkerung das Funktionieren dieses Systems erst ermöglichte, ohne dafür eine entsprechende gesellschaftliche Anerkennung (und Entlohnung) zu bekommen, von staatsbürgerlichen Rechten ausgeschlossen (Frauen, Metöken) bzw. gänzlich unfrei war (Sklaven).

2. Didaktische Hinweise
Es bietet sich an, an die Lebenswelt der Schülerinnen und Schüler anzuknüpfen, indem thematisiert wird, welche Bedeutung für sie »Arbeit« hat bzw. welcher Stellenwert dieser in unserer Gesellschaft zukommt (»Wer nicht arbeitet, soll auch nicht essen« oder »Der Arbeitsgesellschaft geht die Arbeit aus«). Zwangsläufig wird man dabei auch immer auf die Auswirkung von Arbeitslosigkeit, den damit verbundenen Verlust von Einkommen, den gesellschaftlichen Umgang mit Arbeitslosen

usw. zu sprechen kommen. Auffällig kann dabei für die Schülerinnen und Schüler sein, daß die Hochschätzung der Muße, wie sie in der griechischen Antike gängig war und in der Abwertung körperlicher Arbeit zum Ausdruck kommt, bei uns weitgehend geschwunden und dem Genuß der »Freizeit« gewichen ist.

Zu den Materialien

Übersicht

Themen	Methoden	Materialien
Über das Handwerk	Textinterpretation, Aktualisierung, Aufgaben	M 10.1
Die Arbeit der Sklaven	Textinterpretation und mündlicher Vergleich, Aufgaben	M 10.2
Körperliche Arbeit im Bild	Schriftliche Bildauswertung, Einzel- oder Gruppenarbeit, mündlicher Vergleich in der Klasse, Aufgaben	M 10.3

M 10.1 Über das Handwerk

Die Verachtung der Handarbeit ist auf dieser Altersstufe schwer zu vermitteln, weil die gesellschaftlichen Bedingungen sich seit der Französischen Revolution grundlegend verändert haben. Bis dahin galt für den *Adel* noch die gleiche Einstellung, wie sie in den griechischen Texten zum Ausdruck kommt. Allerdings wird eine Befragung nach den Berufswünschen der Kinder wahrscheinlich ebenfalls eine Bevorzugung von Tätigkeiten ergeben, bei denen man »sich nicht die Hände schmutzig macht«. Dazu ist jedoch keine Aufgabe formuliert, weil dies dem Ermessen des Lehrers vorbehalten bleiben sollte.

Mit der Aussage der Arbeiterin Milinna liegt eine der seltenen Überlieferungen eines arbeitenden Menschen, sogar einer Frau, aus der Antike vor.

Lösung der Aufgaben
a) Die griechische Gesellschaftsordnung der Polis blieb über den gesamte Zeit hinweg bestehen.
b) Sie gehörten zur wohlhabenden Oberschicht, die Sklaven für sich arbeiten lassen konnte.
c) Plutarch war selbst ein Nutznießer der Verhältnisse und ein »Kind seiner Zeit«.
d) Stolz auf ihre Leistung, da sie — wohl als früh verwitwete Frau — sich selbst und ihre Kinder durch ihrer Hände Arbeit hat selbständig ernähren können.; dankbar für den Segen der Göttin.
e) Die Bedeutung von nicht–kunstverständig, ungebildet ist schon, wie die Texte zeigen, im griechischen Wort für Handwerker mitenthalten; sie hat sich in unserer Sprache so verselbständigt, daß umgekehrt die Bedeutung Handwerker nicht mehr mitschwingt.

M 10.2 Die Arbeit der Sklaven

Um dem Text die Fremdheit zu nehmen, kann der Lehrer – wenn er es für diese Altersstufe bereits für angemessen hält – auf die NS-Konzentrationslager und den »Archipel Gulag« verweisen: Unser Jahrhundert hat die Methode »Vernichtung durch Arbeit« im Exzeß praktiziert.

Lösung der Aufgaben
a) Eine Sache kann nach dem Belieben ihres Besitzers gut oder schlecht behandelt und sogar zerstört werden.
b) Die Verachtung der Handarbeit durch die Oberschicht-Angehörigen und das Fehlen jeglicher Rechtsgarantie für Sklaven erreichen ihren Höhepunkt in der unmenschlichen Behandlung der Bergarbeiter. Demgegenüber ist der Stand der freien Handwerker sogar privilegiert.

M 10.3 Körperliche Arbeit im Bild

Lösung der Aufgaben
a) Bild A: Olivenernte. Mehrere Personen (Sklaven, worauf ihr fremdländisches Aussehen hindeutet) schlagen, nur mit einem Lendenschurz bekleidet, mit Stöcken die Früchte von den Bäumen. Eine Person sitzt im Baum und pflückt, eine kniet unter dem Baum und sammelt sie auf — beide sind unbekleidet und deshalb wohl Kinder.
(Zusatzinformation durch den Lehrer: Ölbäume wurden vor allem von wohlhabenderen Bauern angebaut, da es viele Jahre dauert, bis ein Baum Früchte trägt. Dies konnten sich ärmere Bauern kaum leisten. Die Zerstörung von Ölbäumen im Krieg war ein besonderer Frevel.)
Bild B: In der Schmiede. Zwei kräftige Männer schmieden ein Metallstück. Der eine hält es mit einer Zange auf dem Amboß fest, während der andere zu einem kräftigen

E Unterrichtshilfen

Schlag mit einer Axt ausholt. Rechts befinden sich zwei gut gekleidete Männer, von denen der eine — erkennbar an seinem ausgestreckten Arm — Anweisungen gibt. Dadurch kommt die Trennung zwischen körperlich und nicht körperlich arbeitenden Personen sehr gut zum Ausdruck.
Im Hintergrund die Produkte der Schmiede: Doppelbeil, Messer, Beil, Säge, Bohrer o. ä., Axt, Dolch; am Boden: Zange und Hammer.

Bild C: Schuhmacherwerkstatt. Meister mit Geselle, auf Schemeln sitzend. Ein Vater läßt seiner Tochter, die auf dem Tisch steht, Schuhe anmessen. Das Leder dazu hat sie mitgebracht. Im Hintergrund Werkzeug, Stiefel, Ledertaschen; unter dem Tisch ein Gefäß und ein Schuhleisten.

Bild D: Hausarbeit. Zwei Frauen halten ein großes, gewebtes Tuch, als ob sie es spannen wollen, zwei andere halten Spindeln in den Händen, mit deren Hilfe sie Wolle zu Fäden verarbeiten.

Bild E: Beim Wiegen. Das Bild zeigt die klassische Form der Waage, die heutigen Schülern kaum noch bekannt sein dürfte. Links das Gegengewicht; rechts wird das Schüttgut (wohl Getreide) in einen Behälter umgefüllt.

Bild F: Fischfang. Auf einem Felsvorsprung sitzend, fischt ein Knabe mit Reusen und Angelruten. Arbeit oder Vergnügen?

b). Spinnen und Weben gehörten zu den Tätigkeiten, die zum Haushalt gerechnet wurden und für die deshalb die Frau zuständig war.

c) Die bildlichen Darstellungen stehen im Widerspruch zu den Behauptungen der antiken Autoren. Bei den Schmieden liegt es auf der Hand, daß sie als kunstfertige Spezialisten unter schwierigen Bedingungen (Hitze) der körperlichen Gesundheit bedurften. Aber auch der Schuhmacher ist als kräftiger Mann dargestellt.
Der Xenophon-Text dient offensichtlich dazu, der Verachtung der Handwerker durch die Oberschicht rational zu begründen. (Die darin steckende Rechtfertigungs-Ideologie kann u. U. auch in dieser Klassenstufe schon kindgemäß erörtert werden.)

11. Beispiele städtischen Lebens — Athen zur Zeit des Perikles

Einführung (vgl. dazu auch Basiswissen S. 20)
Politik, Wirtschaft und Gesellschaft Alt-Griechenlands gehören in den Richtlinien aller Bundesländer zum verbindlichen Themenkanon. Besondere Bedeutung — häufig auch stark gegenwartsbezogen — kommt dabei der Ausformung der attischen Polis zu, die deshalb in den meisten Schulbüchern als Verfassungsgeschichte umfangreich behandelt wird. Ähnliches kann für die Bereiche »Handel« und »Gesellschaft« gesagt werden: Materialien werden in ihnen immer angeboten, jedoch häufig in geringer Bandbreite.
Die hier gebrachten Texte und Abbildungen bieten Beispiele aus dem Bereich des Alltagslebens bzw. beleuchten die Perspektiven verschiedener Bevölkerungsgruppen (Politiker, Frauen, Kaufleute, Sklaven). Sie eignen sich einerseits zur Erweiterung und Problematisierung einzelner Teilaspekte, andererseits zur Veranschaulichung (z.B. Abbildungen aus dem alltäglichen Leben, technische Skizzen, Kartenmaterial). Die verfassungsgeschichtlichen Materialien (Schaubilder), die bereits in Kapitel 8 in Zusammenhang mit der Entwicklung hin zur Demokratie angeboten wurden, können auch hier einbezogen werden.
Arbeitsziele stehen bei den meisten Aufgaben im Vordergrund, wobei u.a. der systematische Umgang mit Quellentexten eingeübt werden kann. Ebenso soll durch entsprechende Aufgaben das schriftliche Zusammenfassen von Texten gelernt werden. Kartenarbeit, die Auswertung von technischen Zeichnungen und von Vasenbildern sowie der Umgang mit dem Lexikon gehören zu weiteren Arbeitszielen. Die meisten der Aufgaben verlangen Einzel- oder Partnerarbeit, eine Auswertung erfolgt im Gespräch. Die Aufgaben eignen sich auch als Hausaufgaben bzw. zur Leistungskontrolle durch Lehrerin und Lehrer.

2. Didaktische Hinweise
Schülerinnen und Schüler sollen an eine systematische Textauswertung, der für den Geschichtsunterricht zentrale Bedeutung zukommt, herangeführt werden. Denn nur auf diese Weise kann Wissen erarbeitet werden, das für historische und politische Urteile unabdingbar ist.

Zu den Materialien
Übersicht

Themen	Methoden	Materialien
Athen und die Bundeskasse	schriftliche Quellenauswertung, Aufgaben	M 11.1
So bauen die Athener	Auswertung einer technischen Skizze und Folie, Unterrrichtsgespräch	M 11.2 (Folie)
Der Staat Athen	Textauswertung in Einzelarbeit, Vergleich, Aufgaben	M 11.3
Athen als Handelszentrum,	Karten und Quellenauswertung, Einzel-oder Partnerarbeit, Aufgaben	M 11.4 M 11.5
Die Stellung der Frauen	Textauswertung, Diskussion Bildinterpretation, Aufgaben	M 11.6 M 11.7

M 11.1 Athen und die Bundeskasse

Der Delisch-Attische Seebund, als Folge der Auseinandersetzungen mit den Persern entstanden, soll hier nicht eigens thematisiert werden. Stattdessen ist herauszuarbeiten, daß Athen eine hegemoniale Stellung unter den griechischen Stadtstaaten einnahm und diese durchaus zu eigenen Gunsten ausnutzte. Auf diese Weise können den Schülerinnen und Schülern Interdependenzen zwischen Außen- und Innenpolitik nahegebracht werden. Methodisch sind eine Stillarbeitsphase und das Unterrrichtsgespräch vorgesehen, wobei der Aktualisierung großes Gewicht zukommt, da die Relevanz antiker Unterrichtsstoffe auf diese Weise begriffen werden kann.

Lösung der Aufgaben
a) Der etwas karge Text sollte mit Hilfe des Lehrers mit konkreten Beispielen — Tempel auf der Akropolis — aufgefüllt werden.
b) Die Überreste vor allem der Perikleischen Zeit vermitteln *das* klassische Bild Griechenlands. Das heutige Athen wie auch ganz Griechenland leben zu einem beachtlichen Teil vom Fremdenverkehr, dessen Hauptmagnet eben die antiken Ruinen sind.
c) Plutarch hatte Vorlagen, die seither verloren sind. (Die Perikles-Rede bei Plutarch darf jedoch nicht als authentischer Wortlaut verstanden werden; antike Historiker »komponierten« solche Reden regelmäßig in die jeweilige Situation, die sie schildern wollten, hinein).

M 11.2 So bauten die Athener (Folie i. d. Medientasche)

1 2
3

Zunächst können die Schüler anhand der Folie zwei großartige Beispiele griechischer Baukunst anschauen. Wahrscheinlich bietet auch das eingeführte Geschichtsbuch die Möglichkeit festzustellen, welche Bauwerke im Athen des Perikles gebaut wurden: Akropolis (= Hoch-Stadt, ehemalige Burg) mit Stadion, Tempel des Zeus, Athenetempel, Tempel des Erechtheus, Torbauten (Propyläen), Theater des Gottes Dionysos, Opferaltäre.

Lösung der Aufgaben
a) 1. Der Kran wird durch das Rad links angetrieben, in dem ein Mensch im wahrsten Sinne des Wortes »herumläuft«. Über Seile, die über Rollen laufen, werden (nach dem Prinzip eines Flaschenzuges) die Lasten angehoben.
   2) Die Steinblöcke werden auf Kufen nach Art eines »Schlittens« transportiert. Menschliche Arbeitskräfte müssen die Seile ziehen, die über Rollen laufen und an denen der »Schlitten« befestigt ist.
b) Für Großbauten wie Tempel, Stadien, Markthallen, Theater
c) Die Arbeiter waren Sklaven oder arme Bürger.
d) Losschlagen im Steinbruch, Zurechthauen, Transport auf Ochsenkarren in die Stadt, Ziehen auf Schlitten zur Baustelle, Hochwinden mit dem Kran, Einfügen in den Mauerverband
e) Einsatz von Sprengstoff im Steinbruch, maschinelle Bearbeitung des Steins, Transport mit Lastkraftwagen, Heben durch Baukräne mit Elektromotoren usw. (soweit überhaupt noch Naturstein verwendet wird)

M 11.3 Der Staat Athen

Zum Verständnis des Textes empfiehlt sich ein Rückgriff auf die Verfassung Spartas (s. Kapitel 7) — des Gegners im Peloponnesischen Krieg — und dessen systematische Selbst-Isolierung vor fremden Einflüssen politischer, kultureller und wirtschaftlicher Art.

Lösung der Aufgaben:
a) Gleich
b) Frauen, Metöken und Sklaven
c) Sie waren auf den Lebensunterhalt durch ihre Arbeit angewiesen; deshalb mußte ihnen ihr Verdienstausfall ersetzt werden.
d) Die Freistellung von der Arbeit erlaubte es ihnen, ihre politischen Bürgerrechte in gleicher Weise wie sie wahrzunehmen.
e) Im zweiten und dritten Absatz des Textes
f) Weil er angesichts der Trauer um die Toten den Willen zur Verteidigung erhalten möchte.

M 11.4 Athen als Handelszentrum

M 11.5 Athenische Handelsbeziehungen

An dieser Stelle bietet sich der Vergleich mit dem minoischen Handel an (vgl. Kapitel 4).
a) Die Folie zeigt die Lösung der Aufgabe.
b) Schiffe
c) Olivenöl, Keramik, Schmiede–Erzeugnisse
d) Leder, Fleisch, Käse, Graupen, Taue, Bücher, Mandeln, Öl, Datteln, Mehl, Teppiche, Kissen. Einkaufsmöglichkeit in Geschäften und auf Märkten, wohin die Waren aus der einheimischen Produktion oder aus dem Ausland gelangen. In ausreichender Menge stehen solche Güter allerdings nur den Bewohnern der sogenannten »Ersten Welt« zur Verfügung, und auch hier nicht allen.
e) Der Sklavenhandel ist heute überall verboten. Allerdings gibt es vor allem in der »Dritten Welt« noch viele Menschen, die unter sklavenähnlichen Bedin-

E Unterrichtshilfen

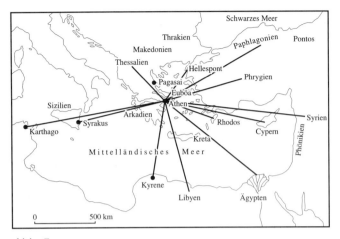

Abb. 5

gungen arbeiten müssen. Auch die Anwerbung von Söldnern kommt kommt dort noch vor. Zypressenholz und Elfenbein sind heute zur Erhaltung seltener Arten international unter Schutz gestellt.

M 11.6 Die Stellung der Frauen in Athen

Athenische Frauen wurden wie athenische Männer als Teil der Stadt, des Staates betrachtet, von dem man Unterordnung zum Wohle des Ganzen erwartete. Aristoteles wie auch später der Apostel Paulus sind der Auffassung, daß »das Weib dem Manne nachgeordnet« und ihm dienstbar sein müsse. Der Text stammt vom griechischen Schriftsteller Xenophon (430 – 354 v. Chr.)

Lösung der Aufgaben
a)

Mann	Frau
Arbeiten im Freien	Arbeiten im Hause
Pflügen	Kleinkinder versorgen
Pflanzen	Backen und Kochen
Ernten	Spinnen und Weben

b) Mit der unterschiedlichen Körperkraft von Mann und Frau

c) Möglicherweise entsteht eine kontroverse Diskussion, in der von Jungen und Mädchen unterschiedliche Positionen vertreten werden. In diesen Zusammenhang sollte, damit die historischen Rollenzuweisungen verständlich werden, die enorme Reduzierung der Bedeutung von physischer Kraft durch die technische Entwicklung der Gegenwart eingebracht werden.

d) Aus der Anschauung, daß Frauen lediglich im Haus und nicht in der Öffentlichkeit arbeiten und agieren dürfen, läßt sich erklären, daß sie nicht über die Bürgerrechte verfügten. Als gegenwärtige Beispiele lassen sich islamische Länder anführen. In Kuwait dürfen z.B. heute Frauen weder wählen noch die Führerscheinprüfung ablegen. In anderen islamischen Ländern ist ihnen traditionell vieles erschwert, z.B. die Ergreifung eines Berufes, das Tragen »westlicher« Kleidung usw. Vor allem türkische Schülerinnen und Schüler werden zahlreiche Beispiele anführen können, die, ausgehend vom Ge-

schichtsunterricht, interkulturelles Verständnis fördern können.

M 7 Aufgaben von Frauen

Lösung der Aufgaben:
a) Bild A: Frauen am Brunnen. Sie müssen das Wasser, das im Haushalt gebraucht wird, aus dem Brunnenhaus holen. (In diesem Fall dürfen sie an einem öffentlichen Ort zusammentreffen, der jedoch allein den Frauen vorbehalten ist.)

Bild B: Stampfen in einem Mörser, vielleicht zur Zerkleinerung von Getreidekörnern

Bild C: Spinnen und Weben. Die Bereitung der Mahlzeiten und die Herstellung von Textilien sind als häusliche Tätigkeiten den Frauen zugeordnet.

Bild D: etwa »Abschied des Kriegers«. Das Bild zeigt eine weitere klassische Aufgabenteilung: Der Mann ist Krieger, die Frau ist Mutter.

b) Die Aussagen der Bilder passen zu der Meinung des Isomachos.

Unterrichtshilfen E

12. Die Ausbreitung des Griechentums in der östlichen Mittelmeerwelt

Einführung (vgl. dazu auch Basiswissen S. 20 f.)
Vor allem die gymnasialen Richtlinien der Bundesländer sehen eine verbindliche Behandlung Griechenlands zur Zeit Alexanders des Großen vor. Für die anderen Schulformen ist jedoch zumindest der Bereich »Griechische Einflüsse in Wissenschaft und Sprache bis heute« vorgesehen. Zumeist werden in den Unterrichtswerken nur einige wenige Materialien zu diesen Themen vorgestellt, die sich zudem auf zentrale Aspekte beschränken. Die Hellenisierung (unter Einschluß Roms) der gesamten Mittelmeerwelt ist jedoch für die Überlieferung der griechischen Kultur bis hin zur Gegenwart von großer Bedeutung.

2. Didaktische Hinweise
Zu Beginn sollte auf jeden Fall mit einer Wandkarte oder Folie gearbeitet werden, um die Dimensionen des Alexanderreiches vor Augen zu führen. Der nur teilweise geglückte Versuch Alexanders, die ethnischen und kulturellen Unterschiede durch politische und biologische Symbiose zu überwinden, kann den Blick auf heutige Probleme des Zusammenlebens auch bei uns lenken (Gastarbeiter u.ä.).

Zu den Materialien

Übersicht

Themen	Methoden	Materialien
Das Reich Alexanders des Großen	schriftliche Kartenauswertung, Unterrichtsgespräch, Aufgaben	M 12.1
Ein Briefwechsel	Quellentext, Aufgaben	M 12.2
Die Alexanderschlacht	Bildinterpretation, Aufgaben	M 12.3
Griechen heiraten Perserinnen	Quellentext, Aktuelle Bezüge	M 12.4
Gut und schlecht = Griechen und Barbaren?	Quellentext, Aktuelle Bezüge, Aufgaben	M 12.5
Alexandria — eine Weltstadt	Text und Stadtplan, Gruppenarbeit, Aufgaben	M 12.6 M 12.7
Griechisch in unserer Sprache	Rätsel, Einzel- oder Partnerarbeit	M 12.8

M 12.1 Das Reich Alexanders des Großen

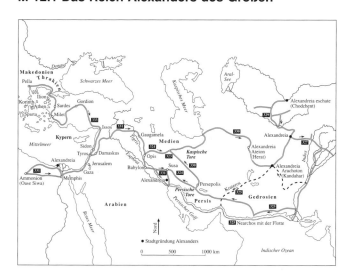

Vor Auswertung der Karte ist die Schülerinformation über Alexander und sein Reich zu nutzen, um eine Anknüpfung an das bisher Erarbeitete (Athen zur Zeit des Perikles) zu gewährleisten. Mit Hilfe eines Atlas kann die Kopiervorlage auch ausgemalt werden.

Lösung der Aufgaben
a) Das Ziel war nicht erreichbar, wie ein Blick in den Atlas (Ostküste Asiens!) zeigt.
b) Die den Griechen gewohnte Lebensform war die städtische (Polis). Griechische Kolonisten sollten auf diese Weise angezogen werden.
c) Es sind sieben. Sie sollten in ihren Namen die Erinnerung an den Gründer bewahren.
d) Heutige Länder: Griechenland, Türkei, Syrien, Libanon, Israel, Ägypten, Jordanien, Irak, Iran, Afghanistan, Pakistan, Indien und Randstaaten der GUS

M 12.2 Ein Briefwechsel

Lösung der Aufgaben
a) Er enthält den Anspruch auf die Beherrschung auch des persischen Reiches.
b) Dareios will König von Persien bleiben und mit Alexander gleichberechtigt über einen Frieden verhandeln. Alexander hingegen betrachtet ihn als einen Besiegten, dessen Schicksal von der Gnade des Siegers abhängig ist.

E Unterrichtshilfen

M 12.3 Die Alexanderschlacht

Lösung der Aufgaben
a) Das Bild zeigt einen jungen, strahlenden und siegesgewissen Alexander, während Dareios und sein Begleiter voller Angst fliehen und ihr Leben zu retten suchen.
b) In der Darstellung kommt die römische Wertschätzung Alexanders zum Ausdruck.

M 12.4 Griechen heiraten Perserinnen

M 12.5 Gut und schlecht = Griechen und Barbaren?

Lösung der Aufgaben
a) Alexander hatte selbst eine persische Königstochter geheiratet und sah in der Verheiratung einer großen Anzahl seiner Soldaten mit Perserinnen einen Weg, die kulturellen und durch durch die kriegerische Vergangenheit beider Völker bedingten Gegensätze von Griechen und Orientalen zu verringern.
b) Die persischen Formen, in denen sie eine Abwendung von ihrer Kultur sehen mußten.
c) Die Begegnung von Europa und Asien im Alexanderreich hatte vielen Griechen bewußt gemacht, daß die menschlichen Grundwerte über Völkergrenzen hinweg gelten.
d) Die griechische Tradition, in allen Fremden »Barbaren« zu sehen, ist bei Eratosthenes überwunden.

M 12.6 und M 12.7 Alexandria — eine Weltstadt

Alexandria an der Nilmündung war die erste der etwa 70 Städte, die Alexander der Große gründete und nach einem genauen Plan erbauen ließ. Sie brachte es bis zu etwa 500.000 Einwohnern und war die größte Stadt der damaligen Welt. Drei Hafenanlagen dienten dem Handel. Marktplätze, Geschäftshäuser, mehrstöckige Wohnblocks, zahlreiche Tempel und ein ausgeklügeltes Wasserversorgungssystem zeugten von der hochentwickelten griechischen Stadtarchitektur. Alexandria verlor seine Vorrangstellung erst, als Rom zur »Hauptstadt der Welt« aufstieg. 30 v. Chr. wurde Ägypten römische Provinz.

Lösung der Aufgaben:
a) Lage im Delta des Nils, d. h. an dessen Ufern fast die gesamte ägyptische Bevölkerung wohnte und wohnt; Hafenarmut der gesamten Südküste des Mittelmeers; zentrale Lage Alexandrias für den Handel zwischen dem östlichen und westlichen Mittelmeerraum.
b) Heiligtümer, Markt, verschiedene Wohnviertel, Lagerhäuser, Bibliothek, Hafen für die Kriegsflotte, Zollamt, Totenstadt, Ägypterstadt = Siedlung für die Fremden.

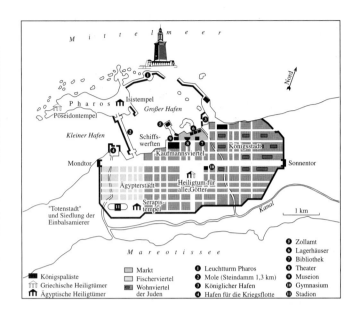

c) Die Lösungen dieser Aufgabe werden je nach Schulort differieren. Wichtig ist das Erkennen der zentralörtlichen Bedeutung für Handel und Verkehr, Verwaltung sowie Unterricht und Kultur.
d) Er diente zur Orientierung der Schiffsleute im schwierigen Gewässernetz des Nildeltas. Seine Erbauung galt als technisches Meisterwerk. Der Name wurde von der Insel auf den Turm übertragen und später zum Gattungsbegriff.

M 12.8 Griechisch in unserer Sprache

Auflösung des Sprachspiels

Griechisches Wort	Deutsche Übersetzung	Heutige Bedeutung
Angelos	Verkünder, Bote	Engel
Ankyra	Biegung	Anker
Apotheke	Speicher, Ablage	Apotheke
Idiotos	einfacher Mensch, einzelner Bürger	Idiot
Katalogos	Aufzählung, Liste	Katalog
Klinikos	bettlägerig	Klinik
Metallon	Grube, Bergwerk	Organ
Organon	Werkzeug	Metall
Tapes	Decke, Teppich	Tapete
Theatron	Schauplatz	Theater

MATERIALIEN

M 1.1 Die griechischen Götter und ihre Aufgaben
Der griechische Redner Ailios Aristéides (2. Jh. n. Chr.) beschrieb, als die Römer über Griechenland herrschten, die Götter seines Volkes:

> *Die Götter unterstützen Euch Römer, und zwar **Zeus**, weil Ihr die Welt für ihn gut verwaltet; seine Frau, **Hera** wegen des Schutzes der Ehe, die kriegerische **Athena** und **Hephaistos** wegen der Blüte des Handwerkes, sie besonders wegen des Webens und er wegen der Schmiedekunst, **Dionysos** und **Demeter**, weil Wein und Korn gedeihen, **Poseidon**, da ihr für ihn das Meer von Seeschlachten befreit habt.*
> *Der Chor des **Apollon**, die Musen und seine Schwester **Artemis**, die Jägerin, hören nicht auf, seinen Dienern in den Theatern zuzuschauen. **Hermes**, der Götterbote, hat genug zu tun mit Gesandtschaften. **Aphrodite**, die Hüterin der Liebe, Schönheit und Fruchtbarkeit, hat Überfluß an allerlei Gaben. **Ares** aber, der Kriegsgott, ist nahezu arbeitslos.*

Aufgabe
Schreibt die Aufgabenbereiche der Götter und Göttinnen neben ihre Namen!

Gottheit	Nr.	Aufgaben
Zeus		
Hera		
Athena		
Ares		
Aphrodite		
Hermes		
Artemis		
Apollon		
Demeter		
Hephaistos		
Poseidon		
Dionysos		

MATERIALIEN

M 1.2 Die griechischen Götter im Bild

1	2	3	4
5	6	7	8
9	10	11	12

Aufgaben
a) Versieht die Götter und Göttinnen mit ihren richtigen Namen! Wichtig sind dabei die Gegenstände, die sie in der Hand halten.
b) Welchem Gott brachte der Seemann Opfer dar, welchem der Schmied? Suche weitere Beispiele!
c) In der griechischen Religion gab es eine Art Arbeitsteilung unter den Gottheiten. Während z. B. Deméter für den Ackerbau zuständig war und die Menschen sie um eine gute Ernte baten, fiel der Weinanbau in den Zuständigkeitsbereich des Diónysos. Kennst Du Ähnliches in heutigen Religionen?
d) Wo gibt es auch heute noch Abbildungen griechischer Gottheiten?

MATERIALIEN

M 1.3 Götterstreit auf dem Olymp

Zwischen dem Göttervater Zeus und den noch jungen Mitgliedern des Olymp, Herakles, dem Halbgott und Vollbringer vieler Heldentaten, und Asklepios, dem Gott der Heilkunde, kommt es zu folgendem Streit:

Zeus: Schluß jetzt mit der Streiterei, Ihr beiden, Herakles und Asklepios: Götter dürfen sich nicht wie Menschen streiten, besonders nicht beim Essen.

Herakles: Du willst also, Zeus, daß der Kurpfuscher da einen besseren Platz am Tisch hat als ich?

Asklepios: Das ist ja auch richtig so!

Herakles: Ist es nicht. Du bist ja überhaupt nur hier, weil du als Arzt unter den Menschen so viele Patienten gesund machtest, daß der Gott der Unterwelt arbeitslos wurde. Nur aus Gnade wurdest du in den Götterhimmel gelassen!... Wie unterscheidet sich mein Leben von deinem. Während ich ein Sohn des Zeus bin und durch meine Heldentaten die ganze Erde von Ungeheuern und Gewalttätern befreite, hast du Rezepte geschrieben.

Asklepios: Du hast gut reden. Schließlich habe ich dich verarztet, nachdem du mit den Brandwunden von dem vergifteten Kleid deiner eifersüchtigen Ehefrau hier zu uns kamst. Und überhaupt: ich mußte nicht der Königin Omphale dienen wie du. Du bist ein Pantoffelheld.

Herakles: Wenn du nicht gleich ruhig bist, verpasse ich dir eine Abreibung.

Zeus: Zum letzten Mal — Schluß jetzt! Asklepios soll auf dem besseren Platz sitzen, denn er kam früher in den Götterhimmel.

Worterklärungen
Unterwelt: Der antiken Vorstellung zufolge kamen alle Menschen nach ihrem Tode in die Unterwelt.
Herakles: Dieser Halbgott war Sohn des Zeus und der Alkmene und vollbrachte die berühmten zwölf Arbeiten, zu denen die Beseitigung vieler Ungeheuer und andere schwierige Aufgaben gehörten.
Omphale: So hieß die Königin aus Lydien, der Herakles als Sühne für einen begangenen Mord dienen mußte. Während dieser Zeit tauschten Herakles und Omphale ihre Kleider und Arbeiten: Omphale trug also das Löwenfell und die Keule und Herakles die Frauenkleider und -schuhe.

M 1.4 Asklepios, Standbild (Museum in Neapel) (A); **Herakles**, vergoldete Bronzestatue aus dem Theater des Pompeius (B)

A

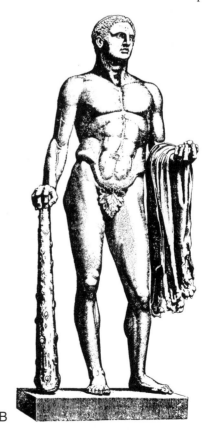

B

Aufgaben
a) Wie werden Zeus, Herakles und Asklepios geschildert bzw. dargestellt?
b) Vergleiche die griechischen Götter mit den Göttern anderer Länder und Zeiten!

MATERIALIEN

M 1.5 Eine Opferprozession
Der griechische Schriftsteller Heliodór beschrieb eine Opferprozession in Delphi:

> Den Anfang machte eine Hekatombe von Stieren, die von den opfernden Bauern in ihrer Tracht geführt wurden. Jeder von ihnen hatte ein weißes Röckchen an, das der Gürtel bis zur Kniekehle heraufzog, und schwang mit dem rechten Arm, der ebenso wie Schultern und Brust bloß war, ein zweischneidiges Beil. Alle Tiere waren schwarz. Ihre kurzen, geraden Hörner liefen spitz zu und waren zum Teil vergoldet, zum Teil mit Blumen bekränzt. Es waren genau hundert, also im wörtlichen Sinne eine Hekatombe. Es folgte eine Menge verschiedener anderer Opfertiere.
>
> Nach den Herden und Hirten kamen Mädchen in anmutigen, tiefgegürteten Gewändern mit aufgelöstem Haar. Sie waren in zwei Züge geteilt. Der erste trug Körbe mit Blumen und Früchten, der zweite Körbchen mit Gebäck und weithin duftendem Räucherwerk. Die Körbe auf dem Kopf tragend, hielten sie einander gefaßt. So bildeten sie einen langen Zug verschlungener Hände, um zugleich schreiten und tanzen zu können.
>
> Die Zahl der (dahinter auftauchenden berittenen) jungen Männer betrug fünfzig. Ihre Schuhe waren über den Knöcheln mit roten geflochtenen Lederriemen befestigt. Der weiße, dunkelblau gesäumte Mantel wurde über der Brust von einer goldenen Schnalle gehalten.
>
> Als der Zug das Grabmal dreimal umschritten hatte, brachen die Frauen und Männer in laute Rufe aus. Dann wurden, wie auf ein verabredetes Zeichen, die Rinder, Schafe und Ziegen zugleich geschlachtet. Man hätte meinen können, eine einzige Hand hätte sie alle mit dem Schlachtbeil getroffen. Auf einem großen Altar wurde eine Unmenge Holzscheite gehäuft, nach altem Brauch die Gliedmaße der Opfertiere daraufgelegt und der Priester des Apoll gebeten, mit dem Trankopfer zu beginnen und das Altarfeuer anzuzünden. Als er die Fackel an den Holzstoß legte, war der feierliche Umzug zu Ende. Die (Prozession) begab sich zum Festmahl, die Zuschauer zerstreuten sich und wandten sich nach Hause.

M 1.6 Opferprozession

Aufgaben
a) Woran ist zu erkennen, daß die Prozession nach festgelegten Vorschriften erfolgte?
b) Beschreibe den Opferzug (M 1.6)!
c) Gibt es in heutigen Religionen Vergleichbares?

MATERIALIEN

M 1.7 Griechische Tempel: Parthenon (Akropolis Athen; 448-438 v. Chr.) (A); Nike-Tempel (Akropolis Athen; 5. Jhd. v. Chr.) (B); Apollon-Pythios-Tempel (Akropolis Rhodos Stadt) (C)

Aufgaben
a) Berechne, wie hoch die Tempel waren, wenn die auf dem einen Photo abgebildete Person 1,72 m groß ist!
b) Vergleiche die Abbildungen mit Kirchen, die Du kennst!

MATERIALIEN

M 1.8 Antike Theatermasken

M 1.9 Das Griechische Theater

> Theater (gr. = Schaustätte). Das Wort bezeichnet sowohl den Ort, wo Schauspiele aufgeführt werden, als auch das Schauspiel selbst.
> Besonders seit dem 18. Jahrhundert finden wir in Deutschland, aber auch in anderen europäischen Ländern, immer wieder Dichter, die sich in ihren Stücken auf Theaterstücke der Antike beziehen.
> Das griechische Theater entstand aus Aufführungen mit Gesang und Tanz zu Ehren des Gottes Dionysos. Später ergaben sich daraus regelrechte Wettkämpfe, bei denen verschiedene Stücke aufgeführt wurden und die Verfasser hinterher Preise erhielten. Seit dem 6. Jahrhundert v. Chr. entwickelten sich zwei Arten von Stücken: nämlich *Tragödien,* in denen auf ernste Weise das Schicksal berühmter Helden und Heldinnen aus der Sagenwelt behandelt wurde, und *Komödien,* in denen auf komische, manchmal sehr übertriebene Art die Probleme der Zeit dargestellt wurden. Bis heute bekannte Tragödienschriftsteller sind Aischylos (525/24-456 v. Chr.), Sophokles (496-406 v. Chr.) und Euripides (480-406 v. Chr.). Der bekannteste Kömödienschriftsteller ist Aristophanes (um 445-386 v. Chr.).
> Ursprünglich war die Zahl der Schauspieler begrenzt, so daß ein Schauspieler oft mehrere Rollen spielen mußte, außerdem wurden alle Rollen von Männern gespielt. Dabei trugen die Darsteller Masken. Vom 3. Jahrhundert v. Chr. an änderte sich das: In dem seit dieser Zeit sehr beliebten *Mimos,* einer Art Volksstück, traten auch Schauspielerinnen auf, und die Darsteller und Darstellerinnen trugen keine Masken mehr.
> An dem Grundriß des griechischen Theaters, in dem vor einer Bühne die Zuschauerreihen halbkreisförmig angeordnet waren, änderte sich in der gesamten Antike kaum etwas.

MATERIALIEN

M 1.10 Griechische Theater: Akropolis Rhodos Stadt (A); Odeion des Herodes Atticus (Athen; um 160 n.Chr.) (B); Theater von Priene (Rekonstruktion) (C)

A

B

C
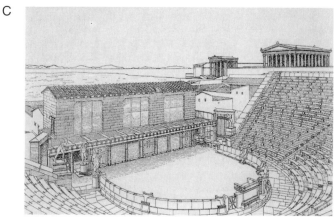

Worterklärungen
Odeion: überdachter Theaterbau
Herodes Atticus: griechischer Redner, Lehrer am römischen Kaiserhof und wegen seines Reichtums großzügiger Bauherr (101-177 n. Chr.).
Dionysos: Gott des Weines, der in ausgelassenen Festen verehrt wurde.

Aufgaben
a) Welche übereinstimmenden Merkmale besaßen die griechischen Theater?
b) »Skene« hieß das Bühnengebäude mit den Umkleideräumen für die Schauspieler; »Orchestra« war der kreisrunde Tanzplatz für den Chor. Was bedeuten Szene und Orchester heute?
c) Beschreibe, wie ein antikes Theater aussah und vergleiche es mit einem Theater heute!
d) Nenne Unterschiede zwischen heutigen und damaligen Theateraufführungen!
e) Wozu dienten die Masken?
f) Stelle anhand eines heutigen Theaterspielplans fest, ob und welche altgriechischen Theaterstücke aufgeführt werden!

MATERIALIEN

M 2.1

Verschiedene Sportarten

Der Olympionike
Die einzige aktuelle Sportzeitung direkt aus Olympia

Der griechische Reiseschriftsteller Pausanias berichtet:
Die Olympischen Spiele in der Antike

Herakles soll zuerst den Wettkampf veranstaltet und ihn »Olympien« genannt haben, er setzte auch den Vierjahresabstand fest... Zuerst wurde ein Preis für Schnellauf ausgesetzt... An der vierzehnten Olympiade kam der Doppellauf hinzu... An der 18. Olympiade wurden Fünfkampf und Ringkampf aufgenommen... An der 23. Olympiade erteilten sie Preise für den Faustkampf... An der 25.

Diskuswerfer

Springer mit Sprunggewichten

Olympiade führten sie das Rennen mit Pferden ein... Acht Olympiaden später nahmen sie das Pankration[1] für Männer und das Reiten auf Pferden auf... Preise für den Lauf und den Ringkampf der Knaben gibt es seit der 37. Olympiade... An der 41. Olympiade ließen sie Knabenfaustkämpfer zu... Der Hoplitenwettlauf[2] wurde bei der 65. Olympiade eingeführt... Wagenrennen mit zwei erwachsenen Pferden gibt es seit der 93. Olympiade, ... Wagenrennen mit Fohlen seit der 99. Olympiade... An der 145. Olympiade wurde das Pankration der Knaben mit Preisen ausgezeichnet...

Speerwerfer

---

[1] Eine bestimmte Form antiken Boxens, die eine Mischung aus Faust- und Ringkampf war.
[2] Wettlauf, bei dem die schwere Rüstung der Soldaten getragen wurde.

MATERIALIEN

Der Olympionike Seite 2

In der 77. Olympiade aber wurde die jetzige Ordnung eingeführt, daß die **Opfer für den Gott Zeus** nach dem Fünfkampf und den Pferderennen dargebracht werden...

Wagenrennen

Skandal in Olympia - Frau auf dem Festgelände ertappt
Kallipateira in Olympia angetroffen!

Nachdem Kallipateira gegen die Verordnung, daß keine verheirateten Frauen bei den olympischen Wettkämpfen anwesend sein dürfen, verstoßen hat, wird nun über das Strafmaß beraten.
Am Weg nach Olympia befindet sich, bevor man den Fluß Alpheios überschreitet, wie allseits bekannt ist, der Typaion, ein hoher, felsiger Berg. Die Eleer[1] haben ja die Vorschrift, von diesem Berg die Frauen hinabzustürzen, die bei dem olympischen Fest entdeckt werden.
Aber wie konnte es nun zu diesem Verstoß kommen? Unser Berichterstatter konnte erfahren, daß Kallipateira folgendermaßen vorgegangen war. Nach dem Tode ihres Mannes zog sie sich wie ein Sportlehrer an und brachte ihren Sohn zur Teilnahme am Kampf nach Olympia. Als ihr Sohn siegte, sprang sie über die Mauer, hinter der die Sportlehrer standen, und entblößte bei der hastigen Bewegung ihren Oberkörper.
Allgemein besteht die Ansicht, daß man sie nicht so schwer bestrafen wird, da ihr Vater, ihre Brüder und ihr Sohn alle olympische Siege errungen haben.

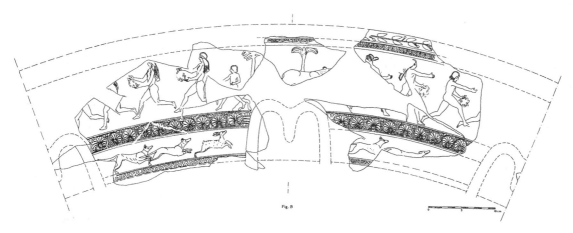

Frauenwettlauf (attische Vase; um 440-430 v. Chr.)

---

[1] Eleer heißen die Einwohner der griechischen Landschaft Elis, in der der antike Ort zur Veranstaltung der Spiele, nämlich Olympia, liegt.

MATERIALIEN

Der Olympionike   Seite 3

Gruppe der jüngsten Mädchen läuft am besten!
Spitzenzeiten bei Herafestspielen

Bei den Herafestspielen in Olympia, einer der Möglichkeiten für junge Mädchen, sich in einer Sportart, nämlich dem Wettlauf, zu messen, herrschte nach Aussage der verantwortlichen Veranstalterinnen auch dieses Mal großer Andrang. Nachdem gestern unter der Anleitung dieser Frauen das Gewand für die Göttin Hera zu Ende gewebt worden war, warteten alle voller Spannung auf die Einteilung der Mädchen in Wettkampfgruppen. Heute war es nun soweit!
Von den drei Altersklassen der Läuferinnen schnitt bei weitem die mittlere am besten ab. Im Anschluß an die Siegerehrung werden die erfolgreichen Läuferinnen ihre Bilder im Heratempel aufstellen.
Da sollen diejenigen, die so stolz sind auf ihre Pythischen oder Nemeischen Spiele, noch einmal behaupten, in Olympia gäbe es keinen Mädchensport! Auch für das nächste Mal wünschen wir uns eine derartige Beteiligung.

Erfolgreichster Olympiasieger setzt sich zur Ruhe
Milon von Kroton verabschiedet sich vom Sport!

Ringkampf

Einer der erfolgreichsten Ringer Griechenlands, der seinen ersten Sieg in Olympia schon als Junge im Ringen gewonnen hat, will sich zur Ruhe setzen, um mit seiner Tochter und seinem Schwiegersohn, dem berühmten Arzt Demokedes, in Kroton zu leben. Wie aus unbestätigter Quelle verlautete, hat der überaus erfolgreiche Sportler von seiner Heimatstadt verschiedenste Belohnungen für seine sportlichen Höchstleistungen erhalten, u.a. Geldprämien und Steuerfreiheit.
Rückblickend sollen nochmals seine wichtigsten Erfolge seiner dreißigjährigen Ringerlaufbahn genannt werden. In Olympia allein waren es sechs Siege, bei anderen sportlichen Wettkämpfen müssen sechs bei den Pythischen Spielen in Delphi, zehn bei den Isthmischen Spielen und neun bei den Nemeischen Spielen genannt werden.
Man erzählt sich außerdem von ihm die Geschichte, er sei so stark gewesen, daß niemand ihm einen Granatapfel, den er einmal mit der Hand umschlossen habe, habe wegnehmen können, - ausgenommen seine Geliebte.
Zur Erinnerung an seine vielen Erfolge wird man demnächst - wie bei den Olympiasiegern üblich - ein Standbild von ihm besichtigen können.

Antike Sportler in Aktion

MATERIALIEN

Der Olympionike Seite 4

Aus Olympia berichtet unser Korrespondent Epiktet:

Ihr alle geht nach Olympia, um die berühmte Zeusstatue des Phidias zu sehen, und ihr meint alle, es sei ein Unglück zu sterben, ohne sie gesehen zu haben… Leidet ihr dort, in Olympia, nicht unter der Hitze und der Menschenmenge? Gibt es dort nicht schlechte Bäder, Regen, Getöse und Geschrei und andere Unbequemlichkeiten? Und doch ertragt ihr das gerne - wegen des herrlichen Schauspiels.

Worterklärungen
Doppellauf: Lauf über eine Strecke von 2 Stadien (384m)
Epiktetos: griechischer Philosoph (50-130 n. Chr.)
Pheidias: berühmter Bildhauer aus Athen (5. Jhd. v.Chr.)

Die Zeusstatue in Olympia (moderne Zeichnung)

Aufgaben
a) Womit kann das antike Olympia verglichen werden?
b) Schreibe alle im Text genannten Sportarten in eine Liste und errechne die Jahreszahlen der Olympiaden, wenn die erste Olympiade auf das Jahr 776 v. Chr. fällt!
c) Aus welchen Gründen nahmen die Sportler an den Wettkämpfen teil?
d) Nenne Sportler, die heute ähnliches Ansehen genießen!
e) Wie wurden die Sieger geehrt? Vergleiche mit heute!
f) Warum veranstalteten Frauen und Mädchen eigene Festspiele und warum zu Ehren der Göttin Hera? Welche Gottheit spielte bei den olympischen Spielen die hervorragende Rolle?
g) Fertigt eine Zeitung über die heutigen Spiele an, die Informationen über Ursprung, Teilnehmer, Ort usw. enthält!

M 2.2 Eine berühmte »Sportlerin«
Bei den Pferdewettkämpfen in Olympia konnten als Eigentümerinnen von Gespannen auch Frauen teilnehmen. Eine von ihnen war Kyníska (geb. um 442 v. Chr.), die Tochter des Spartanerkönigs Archidamos. Die Schriftsteller Plutarch und Pausanias berichten darüber:

> *Als Agesílaos gewahrte, daß einige der Bürger für etwas galten, weil sie sich einen Rennstall hielten und sich viel darauf einbildeten, veranlaßte er seine Schwester Kyniska, einen Wagen in Olympia laufen zu lassen und sich an dem Wettkampf zu beteiligen, in der Absicht, den Griechen zu zeigen, daß solcher Sieg keine Sache der eigenen Tüchtigkeit, sondern des Reichtums und des Kostenaufwandes sei.*
> *(Das Gespann der Spartanerin siegte.)*
> *Diese nahm den eifrigsten Anteil an den Olympischen Spielen, war die erste Frau, die sich mit Pferdezucht beschäftigte, und errang als erste einen olympischen Sieg. Nach der Kyniska haben auch andere Frauen olympische Siege erhalten; doch ist in bezug auf Siege keine berühmter als sie. In Olympia ist neben dem Standbild des Troilos ein steinerner Unterbau mit einem Viergespann und dem Wagenlenker und das Bild der Kyniska selbst, ein Werk des Apelleas.*
> *Der Sockelstein für die Kyniskastatue hat sich erhalten und enthält folgendes Gedicht:*
> *Kyniskas Weihung*
> *Spartas Könige waren mir Väter und Brüder; ich siegte,*
> *ich, die Kyniska, im Wagen mit stürmenden Rossen und habe*
> *drauf dieses Bildnis erstellt. Ich rühme mich, daß ich als einzige*
> *sämtlicher griechischer Fraun solch einen Kranz mir erkämpft.*

Worterklärung
Troilos: Sieger bei den Olympischen Spielen (372 v. Chr.)

Aufgabe
Warum ist in der Überschrift der Ausdruck »Sportlerin« in Anführungszeichen gesetzt?

MATERIALIEN

M 2.3 Die Olympischen Spiele im Vergleich

Die Olympischen Spiele		
Begründer:	einst	jetzt
Ort:		
Zeitabstände:		
Geschlecht der Teilnehmer:		
Nation der Teilnehmer:		
Bezug zur Religion:		
Disziplinen:		
Konkurrenzspiele:		
Formen der Ehrung:		
Stars:		
Gründe für die Teilnahme:		

Aufgabe
Trage die wichtigsten Punkte, durch die sich die antiken olympischen Spiele von den heutigen unterscheiden, in die Tabelle ein!

MATERIALIEN

M 3.1 Antike Schulszene (Schale des Duris, 5. Jhd. v. Chr.)

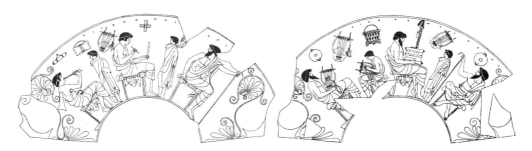

M 3.2 Ein Theaterstück

Der Schulmeister (von Herodas)
Personen:
Lampriskos: der Schulmeister
Metrotime: eine arme Witwe
Kottalos: ihr Sohn (11 Jahre alt)
Thales: der Großvater
Stumme Personen: Euthies, Kokkalos, Phillos, die älteren Schüler
Die anderen Klassenkameraden

Ort des Geschehens: eine Schulklasse im 3. Jahrhundert v. Chr.

Metrotime: Bei den Musen, den Schutzgöttinnen der Schule und der Lehrer, lieber Lampriskos, leg' diesen Jungen übers Knie und verhaue ihn, bis ihm die Seele an den Lippen hängt.
Mit seinem Würfelspiel um Kupfergeld macht er mich arm. Das einfache Würfelspiel mit Knöcheln reicht ihm nicht mehr. Die Tür zum Schulzimmer kennt er kaum, und daß die Schule etwas kostet, dazu kann er nichts sagen, aber den Spielplatz, wo Gesindel und entlaufene Sklaven stehen, den kann er anderen gut zeigen.
Thales: Und die Tafel, die ich für ihn jeden Monat mit einer neuen Wachsschicht überziehe, die steht unbenutzt hinter seinem Bett. Keine Spur von Schönschreiben. Dafür hat er die Knöchel für das Würfelspiel in seinem Beutel. Dann erst das Lesen, er kennt nicht einmal den Buchstaben »A«. Gestern diktierte ich ihm den Namen Maron, der Kerl machte doch Simon daraus. Da waren wir mit uns selbst böse, schließlich lassen wir ihn etwas lernen, damit er uns bald unterstützt, besonders für seine Mutter soll er mal sorgen! Wenn er mir oder der Mutter ein Gedicht aufsagen soll — eine Stotterei ist das, kaum zu glauben.
Metrotime: Bestrafen wir ihn aber, dann bleibt er drei Tage von zu Hause fort oder treibt sich auf dem Dach unseres Miethauses wie ein Affe herum. Nicht daß ich mir wegen seiner Turnerei Sorgen mache, aber die kaputten Dachziegel, die sind teuer. Da gibt es immer Ärger mit den Mitbewohnern, wenn der Winter kommt. Alle wissen sie es, daß es mein Junge war — ich muß zahlen. Dann fehlt er oft in der Schule und treibt sich den ganzen Tag im Wald herum. Die Sonn- und Feiertage kennt er bestens, bei einem Schulfeste aber, da schwänzt er nicht die Schule! Also, bei den Schutzgöttinnen der Schule…
Lampriskos: Schon gut, Metrotime. Los, Kokkalos und Phillos, haltet den Kottalos fest. Deine Streiche lobe ich mir! Es reicht dir also nicht mehr, mit den Knöchelchen zu spielen wie deine Mitschüler, nein, um Kupfergeld in der Spielhölle muß es sein. Ich will dich artig machen wie ein Mädchen. Her mit meiner Peitsche…
Kottalos: Nein, bei den Musen, nimm nicht die Peitsche. Hau mich mit dem Stock.
Lampriskos: Nein, Kottalos, du bist ein solcher Schlingel, du hast es verdient…
Kottalos: Wieviele, wieviele Schläge denn noch?
Lampriskos: Frage deine Mutter, nicht mich!
Kottalos: Wieviele denn noch, laß mich leben!
Metrotime: Soviele wie möglich!
Kottalos: Hör auf, genug, Lampriskos!
Lampriskos: Nur, wenn auch du mit deinen bösen Streichen aufhörst.
Kottalos: Nie mehr will ich das tun, ich schwöre es bei den Musen!
Lampriskos: Oho, groß reden kann er jetzt. Ich lege dir gleich einen Knebel an.
Kottalos: Ich sag' ja schon nichts mehr. Schlag mich bitte nicht ganz tot.
Lampriskos (zu den Schülern, die den Kottalos festhalten): Loslassen!
Metrotime: Noch nicht aufhören! Er soll eine ordentliche Abreibung bekommen.
Lampriskos: Jetzt soll er ans Lesen gehen! Mal sehen, ob er da ungestraft davonkommt…
Metrotime: Ich werde jetzt nach Hause gehen und meinem Vater, der schon vorgegangen ist, von allem berichten. Halte ihn ruhig nach dem Unterricht noch hier, damit er sich nicht wieder herumtreibt.

Worterklärung
Herodas: Stückeschreiber von der griechischen Insel Kos; 3. Jahrhundert v. Chr.

MATERIALIEN

M 3.3 Mädchen beim Würfelspiel; Knöchelchen-Spielsteine

Aufgaben
a) Erkläre den Begriff »mit den Knöchelchen spielen«!
b) Als bester Wurf galt, wenn von vier Knöchelchen jedes auf einer anderen Seite lag. Probiere Ähnliches mit vier bzw. sechs Würfeln aus!

M 3.4 Jungen spielen Schule (Schale aus dem 5. Jh. v. Chr.)

MATERIALIEN

M 3.5 In einem **griechisch-lateinischen Schulbuch** aus dem 3. Jahrhundert n. Chr. heißt es über einen Schüler:

Vor dem Tagesanbruch bin ich bereits aus dem Schlaf erwacht, habe mich aufgesetzt und die Socken und die Stiefel gereicht bekommen. Die Stiefel habe ich angezogen und Wasser für mein Gesicht verlangt. Mit dem Wasser habe ich zuerst meine Hände, dann das Gesicht gewaschen. Ich habe es abgewischt. Das Tuch habe ich weggelegt; mein Untergewand habe ich angezogen und den Gürtel umgelegt. Meinen Kopf habe ich gesalbt und mich gekämmt. Um den Hals habe ich mir den Umhang gelegt. Mein weißes Oberkleid habe ich angezogen. Darüber kommt mein Mantel.

Ich bin aus dem Schlafraum gekommen, um mit dem Pädagogen und der Kinderfrau den Vater und die Mutter zu begrüßen. Beide habe ich begrüßt und geküßt. Und so bin ich aus dem Haus weggegangen.

Ich gehe in die Schule. Ich bin eingetreten und habe gesagt: »Sei gegrüßt, Lehrer!« Auch er hat mir einen Kuß gegeben und mich wieder gegrüßt.

Mein Sklave, der für das Tragen des Tornisters zuständig ist, hat mir die Tafeln, die Schreibgriffelbox und die Schreibgeräte ausgebreitet. An meinem Platz poliere ich die Tafel. Sobald ich etwas geschrieben habe, zeige ich es dem Lehrer. Er hat es verbessert und durchgestrichen. Er fordert mich auf zu lesen. Ich lerne Erklärungen auswendig und sage sie auf. Unmittelbar danach hat mir aber ein Mitschüler diktiert.

Er sagt: »Diktiere auch du mir!«

Ich sage ihm: »Sag es erst auf!«

Und er sagt zu mir: »Hast du nicht es bemerkt, daß ich es früher als du aufgesagt habe?«

Und ich habe gesagt:«Du lügst! Du hast es nicht aufgesagt.«

»Ich lüge nicht!«

»Wenn du aber die Wahrheit sagst, will ich dir diktieren.«

Inzwischen erheben sich die jüngeren Schüler auf den Befehl des Lehrers zum Rechnen, und von den älteren hat ihnen einer die Silben erklärt. Andere sagen der Reihe nach beim Unterlehrer auf, sie schreiben Wörter. Verse haben sie bereits geschrieben, und ich in der ersten Schulklasse habe ein Diktat bekommen. Sobald wir uns danach gesetzt hatten, habe ich die Mitschriften kontrolliert, die Sprache und den Stil. Zum Vorlesen aufgerufen, erfahre ich die Erklärungen, den Sinn und die Personen des Textes. »Für wen?« hat er gesagt. »Welche Wortart?« Und ich habe die Wortarten dekliniert und die Verse eingeteilt.

Sobald wir dies gemacht hatten, hat er uns zum zweiten Frühstück weggeschickt. Darauf gehe ich nach Hause. Ich ziehe mich aus und bekomme weißes Brot, Oliven, Käse, Feigen und Nüsse. Nach der Mahlzeit kehre ich wieder in die Schule zurück. Ich treffe den Lehrer, wie er liest, und er sagt: »Fangt von vorne an!«

Worterklärung
Pädagoge: Der Sklave, der Kinder in die Schule begleitete.

MATERIALIEN

M 3.6 Schulmädchen und Sklavin (Vase aus dem Jh. v. Chr.)

Aufgaben
a) Schildere anhand der beiden Texte (M 3.2 und M 3.5) die Tagesabläufe des schulschwänzenden Kotallos und des »Philippos«, des Erzählers aus dem Schulbuch!
b) Stelle Deinen Schulalltag dem der damaligen Zeit gegenüber!
c) Vergleiche die Lerninhalte mit den Unterrichtsinhalten heutiger Zeit!
d) Welcher sozialen Schicht entstammten die Schüler und Schülerinnen?
e) Geht das Mädchen in M 3.6 gern zur Schule?

MATERIALIEN

M 3.7 Das griechische Alphabet

griechischer Großbuchstabe	griechischer Kleinbuchstabe	Bezeichnung	deutsche Entsprechung
A	α	Alpha	A
B	β	Beta	B
Γ	γ	Gamma	G
Δ	δ	Delta	D
E	ε	Epsilon	E
Z	ζ	Zeta	Z
H	η	Eta	Ä
Θ	θ	Theta	Th
I	ι	Iota	I
K	κ	Kappa	K
Λ	λ	Lambda	L
M	μ	My	M
N	ν	Ny	N
Ξ	ξ	Xi	X
O	ο	Omikron	O (kurz)
Π	π	Pi	P
P	ρ	Rho	R
Σ	σ	Sigma	S
T	τ	Tau	T
Y	υ	Ypsilon	Y/Ü
Φ	φ	Phi	Ph
X	χ	Chi	Ch
Ψ	ψ	Psi	Ps
Ω	ω	Omega	O (lang)

Griechisch		**Deutsch**	
BYZANTION	Βυζαντιον	BYZANZ (antiker Name für Istanbul)	Byzanz
IAOMAI	ιαομαι	ICH HEILE	ich heile

Aufgaben

a) Vergleiche die Buchstaben untereinander! Welche Gemeinsamkeiten und welche Unterschiede stellst du fest?
b) Woher stammt das Wort »Alphabet«?
c) Gibt es in deinem Wohnort Schilder in fremder Schrift?
d) Welche Vorteile hat die Buchstabenschrift gegenüber einer Bilderschrift?

MATERIALIEN

M 4.1 Der Palast von Knossos:
Grundriß (A); Magazin (B); Rekonstruktion des Westflügels (C); Raum der Königin (D); Bild des Priesterkönigs (E)

Aufgaben
a) Begründe, weshalb der Palast auch ein Wirtschaftsunternehmen war!
b) Welche Erklärungen kann es dafür geben, daß die minoischen Siedlungen mit ihren Palästen nicht befestigt waren?
c) Worauf weist die Änderung des Frieses vom Spiral- zum Rosettenmuster im Raum der Königin hin?

MATERIALIEN

M 4.2 Wohnen im alten Kreta

Die Häuser (besitzen) zwei oder drei Stockwerke, die durch ... Balken ... getrennt sind. Sie sind aus Stein oder aber aus rundum mit Tonmörtel verputzten Lehmziegeln. Das Holz fand reichliche Verwendung bei den Türpfosten, den Fenstern und den Deckenstützpfeilern. Wenn das Erdgeschoß nach der Straßenseite hin keine Fenster hatte, so deshalb, weil es durch einen Innenhof erhellt wurde. Meist hat jedes Stockwerk Fenster, deren Scheiben mit rotem Ocker dargestellt sind, was auf ein durchsichtiges Material wie Alabaster oder geöltes Pergament schließen läßt. Auf dem Flachdach befindet sich hier und da eine Laterne ...

Die Häuser der armen Leute ruhten auf Fundamenten aus Bruchsteinen. Das Erdgeschoß diente als Vorratsspeicher. Hier wurden die Vorräte in Krügen gehortet. Eine Treppe aus Stein oder — meist — aus Holz führte vom Erdgeschoß zum Obergeschoß, wo sich die Familie in zwei oder drei parallel liegenden Räumen zusammendrängte. Die Mauern bestanden aus gebrannten Ziegeln oder manchmal auch aus Ziegeln, die einfach an der Sonne getrocknet waren. Wie auf dem Land trugen die Deckenbalken mehrere Lagen von Geäst, Binsen und undurchlässigem Ton. Der Küchenherd befand sich im Hof, was den Vorteil hatte, daß Rauch und Brände vermieden wurden. Kanalisationen unter den Gäßchen führten das schmutzige Wasser ab ...

Die Einrichtung bestand aus breiten, mit Tüchern bedeckten Bänken, die als Betten dienten, aus Truhen, Tongeschirr, Krügen, Amphoren, Kannen und Bechern, die auf Gestellen standen, aus einem Webstuhl und gelegentlich aus kleinen Werkzeugen, die der Handwerker brauchte.

Worterklärungen
Lehmziegel: nur an der Luft getrockneter, nicht gebrannter Ziegel
Alabaster: ein weißer Stein
Amphore: Krug mit zwei Henkeln

M 4.3 Gournia: eine der Hauptstraßen (A); Steinmörser (B)

A

B

MATERIALIEN

M 4.4 Ausfahrt einer Flotte (Folie)

Aufgaben
a) Die minoischen Städte sind bis auf die Grundmauern zerstört. Woher weiß man dennoch etwas über ihre Bauweise?
b) Stelle zusammen, wie unterschiedlich die Minoer wohnten!
c) Worüber gibt das Bild M 4.4 Auskunft? Worüber schweigt es sich aus? Vgl. dazu auch M 4.5!
d) Wodurch lassen sich die Erkenntnisse bestätigen?

M 4.5 Schiffahrt und Handel

Das Seevolk der Kreter wurde berühmt durch seine Reisen und Eroberungen. Wie alle Seeleute jener fernen Zeiten, bedingt durch die offenen Galeeren, segelten sie nur bei Rückenwind und benutzten bei Windstille die Ruder; dabei waren sie bemüht, immer eine Küste in Sichtweite zu behalten, und fuhren so nah wie möglich an ihr entlang.
Das Leben an Bord dieser Schiffe ohne Deck, ohne Kabinen und fast ohne Seitenschutz gegen die Sturzseen war äußerst hart. Die Fracht, die Waffen, die Vorräte waren auf den Dollborden und den Planken des Oberdecks aufgehäuft. Die mittlere Verbindungsbrücke war zum Teil mit Gefäßen, Ballen, Baumstämmen und Menschen vollgepackt. Die größten Schiffe mit einer Länge von 20-30 m nahmen 30 Ruderer an Bord, 4 Mastwächter, 1 Steuermann, 1 Kapitän, 1 Aufseher für die Galeerensklaven und, für den Fall von Gefahr oder Seekrieg, Soldaten. Auf dem Rückweg brachten sie außer der Ladung noch Vieh, Sklaven, Gefangene und Passagiere mit. Alle mußten das Moderwasser, das an der tiefsten Stelle des Schiffes bis zu 1,50 m hoch stand, ausschöpfen. Über all dem schwärmten bei Windstille Fliegen, herrschte scheußlicher Gestank, Übelkeit und oft die Ruhr. Auf einer langen Seereise von einem Monat und mehr mußten sich die kretischen Seeleute mit mehlhaltiger Nahrung, mit Breien oder Zwieback, die mit Öl zubereitet waren, mit Trockenfrüchten, Oliven und steinhartem Käse begnügen. Auf einem äußerst knappen Raum von 4 oder 5 m Breite dösten, von Gischt besprüht, die auf den Bänken gegen die Einfassung zusammengekrümmten Leute zwischen den Paketen oder dem Tauwerk, wenn es der Wind erlaubte. Wenn nicht, wurde gerudert.

Worterklärungen
Galeere: durch Riemen fortbewegtes Schiff mit zusätzlichen Segeln
Dollbord: oberste starke Planke eines Bootes
Ruhr: Krankheit mit Fieber und Durchfall

MATERIALIEN

M 4.6 Einfuhren und Ausfuhren der Minoer

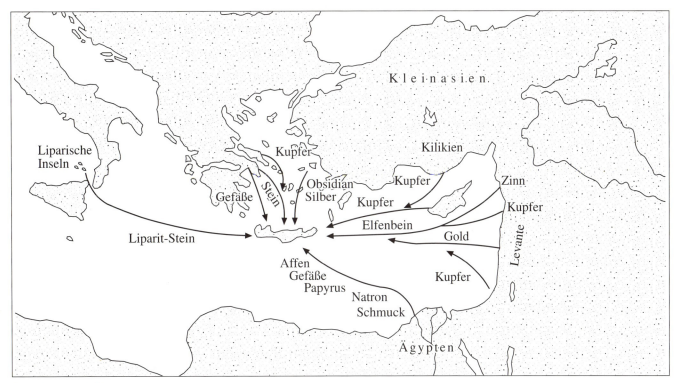

Einfuhren nach Kreta

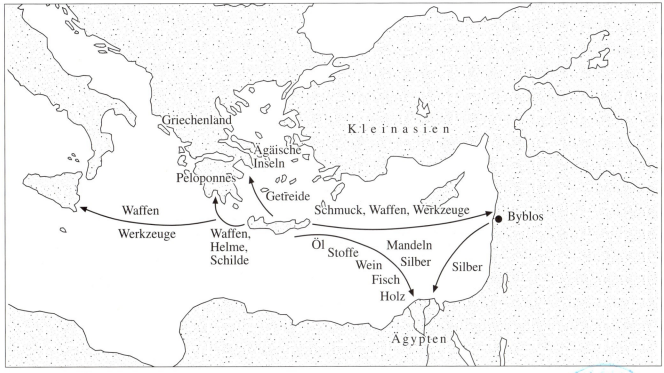

Ausfuhren aus Kreta

Aufgaben
a) Beschreibe, woher die Güter nach Kreta kamen und wohin sie ausgeführt wurden!
b) Wie lassen sich die Handelswege feststellen, wenn keine schriftliche Nachrichten darüber vorliegen?

MATERIALIEN

M 4.7 Mykene: Zyklopenmauer (A); Löwentor (B) und Rekonstruktion der Burg (C) (13. Jh. v. Chr.).

A

B

C

M 4.8 Vase (Ende des 13. Jh. v. Chr.)

Aufgabe
Das Vasenbild erklärt die Unterschiede zwischen der minoischen und der mykenischen Bauweise von Herrschaftszentren. Begründe diese Behauptung!

MATERIALIEN

M 4.9 Der Palast in Pylos: Rekonstruktion eines Saals (A); Reste eines Opferherdes (B) und Badewanne (C) (13. Jhd. v. Chr.)

A

B

C

Aufgaben
a) Vergleiche Rekonstruktionszeichnung und Bilder!
b) Vergleiche Mykene mit Kreta!

MATERIALIEN

M 4.10 Tontäfelchen mit Linear-A-Schrift(A) sowie das Dreifuß-Linear-B-Täfelchen aus Pylos (B) (oben in Linear-B-Schrift, darunter in griechischer Schrift)

A

B

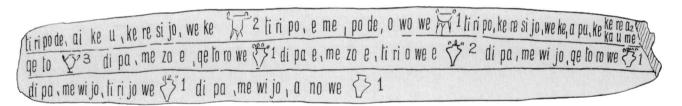

Übersetzung:
a. 2 Dreifußkessel aus kretischer Fertigung; 1 Dreifußkessel auf einem Bein mit einem Griff; 1 Dreifußkessel aus kretischer Fertigung, weggebrannt an den Füßen.
b 3 Weinkrüge; 1 größerer Pokal mit vier Griffen; 2 größere Pokale mit drei Griffen; 1 kleinerer Pokal mit vier Griffen.
c. 1 kleinerer Pokal mit drei Griffen; 1 kleinerer Pokal ohne Griff

Aufgaben
a) Die Minoer und die Mykener schrieben auf Ton, der in ungebranntem Zustand leicht zerfällt. Wie konnten solche Täfelchen zufällig erhalten bleiben?
b) Versetze dich in die Lage eines Wissenschaftlers, der versucht, die Schrift zu entziffern! Benenne Schwierigkeiten! Vgl. dazu das Linear-A-Täfelchen!
c) Welchem Zweck dienten die Täfelchen?

MATERIALIEN

M 4.11 Die letzten Tage von Pylos

Das junge Mädchen stand wie gewohnt auf dem Berg und hütete Ziegen. Verwundert beobachtete sie das geschäftige Treiben im Palast und in seiner Nähe. Was dort wohl los war? Es wimmelte ja nur so von Frauen und Kindern. Und auf der rechten Seite — waren das nicht Männer, die wie Krieger aussahen? Mitten drin waren die Palastschreiber tätig, einige befragten die Leute, andere wieder saßen gebeugt über ihre Tontäfelchen und schrieben. Es waren vermutlich die Listen über Vieh, Getreide und andere Produkte wie Stoffe. Aber halt! Hatte sie da nicht etwas von Berufen verstanden? Im Gewimmel mußten die Beamten wohl so laut schreien, um sich verständlich zu machen. So erfuhr sie doch wenigstens auf diese Weise, was los war.

Daß Wolle an andere Orte geschickt wurde, damit dort Frauen sie weiterverarbeiteten, war nichts Ungewöhnliches. Die fertigen Stoffe kamen dann zurück in den Palast, wo sie von der königlichen Familie benutzt oder aufbewahrt wurden, um sie mächtigen fremden Herrschern zum Geschenk zu machen. Auch gab es Vorratslager für Öl, Wolle...

Aber jetzt diese vielen Leute! Offensichtlich aus Gebieten von weit her! Was hatte das nur zu bedeuten? Jetzt hatte sie wieder etwas verstanden: »Näherinnen, Bäckerinnen, Weberinnen, Baderinnen...« Sie schlich sich langsam näher heran und schnappte etwas auf: »Sich bereithalten für den Notfall...« Daß sie aber Kindern nie etwas richtig erzählten! Gestern hatte sie heimlich die Eltern belauscht und etwas von Angreifern von der See her verstanden. Nun hatte sie das Wort »Flüchtlinge« ganz deutlich gehört und die Anweisung, daß die Frauen Vorräte und Materialien zubereiten und ihre Männer kämpfen sollten. Was wohl passieren würde? — ein wenig seltsam war ihr ja zumute, und begriffen hatte sie auch nicht alles...

Aufgaben
a) Worauf kann sich eine solche erfundene Geschichte stützen?
b) Versuche, die Geschichte zu Ende zu erzählen!

MATERIALIEN

M 5.1 Aus der »Weltgeschichte für Kinder«, 1840

Bald nach Herkules Tode entstand der berühmte Trojanische Krieg zwischen den Griechen und dem Beherrscher von Troja.

Griechenland war unter einer Menge kleiner Könige getheilt, unter welchen Agamemnon, König von Argos, der seine Residenz zu Mycenä, im Peloponnes, hatte, einer der mächtigsten war.

Er hatte einen Bruder namens Menelaus, der die Erbin des Königreichs Sparta, ebenfalls im Peloponnes, geheirathet hatte. Sie hieß Helena und war weltberühmt durch ihre Schönheit.

Einst erhielt Menelaus einen Besuch von Paris, dem Sohne des damaligen Königs von Troja. Er war ein schöner blauäugiger Jüngling, der sich mit seinen süßen Tändeleien bei allen Weibern und Mädchen einzuschmeicheln wußte und auch bald mit tausend glatten Worten die liebliche junge Königin von Sparta so sehr bethörte, daß sie sich von ihm entführen ließ.

Ihre Flucht machte großes Aufsehen, und ganz Griechenland war aufgebracht über den undankbaren Paris, der die freundliche Aufnahme in Menelaus Pallaste mit einem so schändlichen Raube belohnte.- Müßt ihr nicht selbst bekennen, daß es ein arges Schurkenstück war?

Es wurden Gesandte nach Troja geschickt, daß sie die entführte Königin zurück forderten. Allein der alte König Priamus meinte, sein Sohn habe ganz recht gethan. Haben die Griechen an uns besser gehandelt? sagte er. Ist nicht einmal von einem eurer Könige der trojanische Prinz Ganymedes aufgefangen und in ewiger Gefangenschaft gehalten worden? Hat nicht euer Herkules meinen Vorfahr, den König Laomedon, erschlagen und das Trojanische Gebiet verheert? Ist nicht meine Schwester Hesione von euch entführt worden? Wenn euch daher von meinem Sohn euer schönstes Weib geraubt worden ist, so ist euch nicht zu viel geschehen, und ihr habt es recht wohl an uns verdient. Gehet also und saget euerm König, er habe sich keine Hoffnung zu machen, seine Helena wieder zu bekommen.

Die Abgesandten kehrten mit dieser Antwort zurück. Ganz Griechenland hielt sich für beschimpft. Die Könige verschworen sich, blutige Rache an den Trojanern zu nehmen und die Stadt Ilium in Asche zu legen.

Sogleich wurden die Truppen aufgeboten und Schiffe zur Überfahrt zusammen gebracht. Hatte ein Fürst nicht recht Lust, sich auf die gefährliche Unternehmung einzulassen, so wurde er von dem weisen Nestor, König von Pylos, oder dem schlauen Odysseus, König von Ithaka, dazu beredet. Hundert tausend Mann und über 1200 Schiffe wurden auf solche Weise zusammen gezogen. Die vornehmsten Helden unter diesem Heere waren außer dem Menelaus und dem schon genannten Odysseus und Nestor der schnellfüßige Achilles, Sohn eines Königs von Thessalien, Ajax von Salamis, Diomedes von Argos, Idomeneus von Kreta, Patroklus, der Freund des Achilles. Geraume Zeit dauerten die Zurüstungen. Der Sammelplatz des Heeres und der Schiffe war der Hafen von Aulis.

Die Trojaner blieben indessen auch nicht müßig. Sie wußten, daß die Griechen Arges gegen sie im Sinne hatten, und rüsteten sich, sie tapfer zu empfangen. Ihre Hauptstadt Troja war gut mit Mauern, Thürmen und Wällen befestiget. Mit den Trojanern hatte sich noch eine Menge Bundesgenossen vereiniget, und ihre ganze Macht wurde von einem Sohne des Königs Priamus, dem tapferen Hektor, angeführt, der dem besten griechischen Heerführer an Muth und Klugheit nichts nachgab.

Indessen konnte er doch die Landung der Griechen nicht verhindern. Sie setzten sich fest an dem Seegestade. Anstatt Zelte aufzuschlagen, bauten sie sich Hütten, zogen auch einen Theil ihrer Schiffe ans Land und verschanzten ihr Lager aufs beste. Es war dies nöthig, denn oft strömte, eh sie sichs versahen, ein Schwarm Trojaner aus ihren Thoren heraus, fiel über sie her und hieb sie, wenn sie nicht auf ihrer Hut waren, gar jämmerlich zusammen.

Bald jagten die Griechen die Trojaner, bald die Trojaner die Griechen; nie aber fielen entscheidende Schlachten vor. Bei Einbruch der Nacht zog sich jeder Theil in seine Mauern oder Verschanzungen zurück, und eine Menge Blut wurde vergossen.

Neun Jahre lang hatten sich die Griechen und Trojaner in den Ebenen von Ilium vergeblich geschlagen, und beide Theile waren des Blutvergießens herzlich müde. Endlich wurde im zehnten Jahre die Stadt Troja mit List überfallen und eingenommen.

Man erzählt, der schlaue Odysseus habe den griechischen Fürsten gerathen, ein ungeheures hölzernes Pferd zu zimmern und die vornehmsten Helden in dessen hohlen Bauch zu verstecken, mit dem Heere aber sich zurückzuziehen und die Belagerung aufzuheben. Dieser Rath wurde befolgt.

Kaum waren sie auf offener See, so strömte alles Volk aus den Thoren, kam heraus in das zurückgelassene hölzerne Lager der Griechen, zeigte sich die Orte, wo sie gestanden hatten, wo die vornehmsten Gefechte vorgefallen, wo ihr Hektor und so viele andere Helden umgekommen waren.

Es wurde beschlossen, daß ein Stück von der Stadtmauer eingerissen und das Pferd noch an demselben Tage in der Stadt eingeführt werden sollte. So wollten und erwarteten es sie Griechen. Ihre Flotte war nicht weiter als bis an die Insel Tenedos gesegelt, wo sich die Schiffe versteckt hielten. In der Nacht kamen sie an das Gestade von Troja zurück und erwarteten von ihren Führern das verabredete Zeichen.

Die Trojaner waren indessen lustig und guter Dinge, sangen, tanzten, zechten, und die meisten berauschten sich so, daß sie sich in einen tiefen Schlaf verfielen.

Als dies der Verräther Sinon gewahr wurde, gab er den griechischen Helden Nachricht und half ihnen die verborgene Thüre am Bauche des Pferdes öffnen, daß sie heraus stiegen. Sogleich überfielen und erschlugen sie die Wachen der Trojaner, bemächtigten sich des Mauerbruchs und gaben den Schiffen mit einer brennenden Fackel das verabredete Zeichen.

MATERIALIEN

Nun drang das ganze Heer in die Stadt, die Feuerbrände flogen, und die schlafenden Trojaner wurden durch das Brüllen der Soldaten und die lodernden Flammen auf eine schreckliche Art aus dem Schlummer geweckt. Sie suchten sich vor dem Feuer zu retten, auf den Straßen aber wartete ihrer das Schwerdt.

Der alte Priamus mit seinen Söhnen wurde im Tempel an dem Altare seiner Götter getödtet, seine Gattin, seine Töchter und Hektors Wittwe Andromache wurden als Sclavinnen fortgeschleppt; Helena aber, dieses heillose Weib, das die Veranlassung zum Kriege gewesen war, blieb am Leben und kehrte mit ihrem gar zu genügsamen Menelaus wieder nach Sparta zurück. Nur wenige und kleine Haufen der Trojaner retteten sich bei der allgemeinen Verwirrung auf ihre Schiffe

Das ganze Histörchen von dem hölzernen Pferde scheint eine Fabel zu seyn. Wahrscheinlich aber wurde die Stadt Troja durch einen Überfall und durch Verrätherei erobert. Ihre völlige Zerstörung ist nur allzugewiß.

M 5.2 Szene aus der Ilias

Aufgaben
a) Woran ist zu erkennen, daß der Text vor über 150 Jahren geschrieben wurde?
b) Vom Trojanischen Krieg erzählen die beiden Gedichte Ilias und Odyssee, die wahrscheinlich der griechische Dichter Homer schrieb. Deren Schauplätze, z.B. Mycenae = Mykene, waren jedoch zu der Zeit der Entstehung dieser Gedichte längst zerstört. Warum werden sie dennoch genannt?
c) Welches Ereignis aus dem Trojanischen Krieg ist auf M 5.2 abgebildet?

M 5.3 Hektor (antiker Schmuckstein) (A); **Penelope wartet auf Odysseus** (Relief) (B)

A   B

MATERIALIEN

M 5.4 Der Anfang der Odyssee

Sage mir, Muse, die Taten des vielgewanderten Mannes,
Welcher so weit geirrt nach der heiligen Troia Zerstörung,
Vieler Menschen Städte gesehn und Sitte gelernt hat
Und auf dem Meere so viel unnennbare Leiden erduldet,
Seine Seele zu retten und seiner Freunde Zurückkunft.
Aber die Freunde rettet' er nicht, wie eifrig er strebte;
Denn sie bereiteten selbst durch Missetat ihr Verderben:
Toren! welche die Rinder des hohen Sonnenbeherrschers
Schlachteten; siehe, der Gott nahm ihnen den Tag der Zurückkunft.

M 5.5 Ein Sänger mit Kithara; (Vasenbild)

Aufgaben
a) Die Saitenzahl der Kithara vermehrte sich im Laufe der Zeit; im 8. Jahrhundert hatte sie 5 Saiten, im 7. Jh. 7 und im 5. Jh. 11 und 12. Läßt sich dadurch das Alter des Bildes bestimmen?
b) Die Sänger trugen an den Herrenhöfen diese und auch andere Lieder vor. Womit sind sie zu vergleichen?
c) Welche modernen Saiteninstrumente haben ihren Namen von der Kithara?

MATERIALIEN

M 5.6 Ausschnitt aus der »Götterlehre« des Berliner Professors für Altertumskunde Karl Philipp Moritz, 1791

> Doch mußten die Griechen auch bei ihrer Rückkehr noch für ihren teuer erkauften Sieg mit mancherlei Unglücksfällen büßen. Am meisten unter allen Ulysses, der zehn Jahre umherirrte, ehe er seine geliebte Heimat wieder erblickte. Mit Gefahr und List entkam er dem Cyclopen Polyphem, der, nach seinen Gefährten, auch ihn zu verschlingen drohte. Aus dem stillen trügerischen Hafen der menschenfressenden Lästrygonen, eines Riesenvolkes, entrann er nur mit einem einzigen Schiffe, womit er auf der Insel der mächtigen Circe landete und, ohne von ihrem Zaubertranke besiegt zu werden, ein Jahr bei ihr verweilte. Dann stieg er ins Reich der Schatten; schiffte, an den Mastbaum gebunden, nachdem er die Ohren seiner Gefährten mit Wachs verklebt, vor den Sirenen vorüber und hörte ohne Gefahr ihren verführerischen Gesang; zwischen dem Strudel Charybdis und der felsigen Skylla schiffte er die schmale gefährliche Straße hindurch und landete an einer Insel, wo seine Gefährten wider sein Verbot der Sonne geweihte Rinder schlachteten und verzehrten. Sobald das Schiff aufs Meer kam, ward es von Jupiters Blitz zerschmettert, des Ulysses Gefährten kamen um; er rettete sich allein und schwamm an die Insel der Kalypso, die ihm die Unsterblichkeit versprach, wenn er sich mit ihr vermählen wolle, und ihn, sosehr er sich auch nach seiner Heimat sehnte, geraume Zeit zurückhielt, bis sie ihn auf den Befehl der Götter auf einem von ihm selbst gebauten Floß mit günstigem Winde ihn entließ. Als er nahe an Ithaka war, erblickte ihn Neptun, der wegen seines Sohnes, des Polyphem, noch auf ihn zürnte, dem Ulysses, um ihm zu entfliehen, sein einziges Auge ausbrannte. Plötzlich wurde das Meer vom Sturmwind aufgeregt. Von seinem Floß herabgeworfen, ein Raub der ungestümen Wellen, verzagte Ulyß, am Felsen angeklammert, im wilden Sturm nicht; schwimmend rettete er sich mit Gefahr und Not auf die Insel der Phäacier, die ihn gastfreundlich aufnahmen und mit Geschenken überhäuft in seine Heimat sandten, wo er seine treue Gattin Penelope, seinen Vater Laertes und seinen Sohn Telemach wiederfand. Er tötete zuerst die ungerechten und übermütigen Freier Penelopens, die schon seit langem seine Habe aufzehrten und des jungen Telemachs Tod einmütig beschlossen hatten. Nun herrschte er wieder in seinem Reiche...

Worterklärungen:
Ulyß/Ulyxes:	Lateinischer Name für Odysseus.
Polyphem:	Einäugiger Riese.
Skylla und Charybdis:	Zwei Meerungeheuer, die nach antiker Vorstellung Schiffen die Durchfahrt durch die Meerenge von Messina versperrten.
Jupiter:	Höchster römischer Gott = Zeus.
Circe:	Antike Zauberin.
Ithaka:	Heimat des Odysseus.
Neptun:	Gott des Meeres.

Aufgaben
a) Vergleiche M 5.6 mit den Versen aus M 5.4! Wer ist mit dem »vielgewanderten Mann« gemeint und warum erreichten seine Gefährten nie die Heimat?
b) M 5.1 und M 5.6 sind Texte aus deutschen Lehrbüchern aus dem 18. und 19. Jahrhundert. Was sagt das über die Bedeutung der Ilias und Odyssee für deutsche Schüler jener Zeit aus?

M 5.7 Brief einer griechischen Mutter an ihren Sohn

> *Zögere nicht, mir zu schreiben, was Du von hier brauchst. Ich war betrübt, von der Tochter unseres Lehrers zu erfahren, daß er weggesegelt ist. Denn bei ihm war ich sorglos, weil ich wußte, daß er sich nach Kräften um Dich kümmern wollte. Ich bemühte mich, brieflich nach Deiner Gesundheit zu fragen und zu erfahren, was Du gerade liest. Er sagte, es sei das 6. Buch (der Ilias), er erstattete auch ausführlichen Bericht über Deinen Pädagogen. Kind, Ihr — Du und Dein Pädagoge — müßt deshalb nun dafür sorgen, daß Du dich zu einem passenden Lehrer begibst. Es grüßen Dich vielmals Deine Schwestern und die...Kinder von Theonis und alle unsrigen namentlich. Grüße auch an Deinen sehr geehrten Pädagogen Eros.*
>
> (adressiert an) ihren Sohn Ptolomaios.

Worterklärungen
6. Buch der Ilias:	Wie wir nach Kapiteln zählen, so sprach man in der Antike von »Büchern« eines Textes.
Papyrus:	Der aus der gleichnamigen Pflanze hergestellte Papyrus war einer der wichtigsten Schriftträger der Antike; daher stammt unser Wort »Papier«.
Pädagoge:	So hieß in der Antike ein Sklave, der Kinder in die Schule begleitete.

MATERIALIEN

M 5.8 Ausschnitt aus einer antiken Bildtafel zur Ilias und verwandten griechischen Sagen.

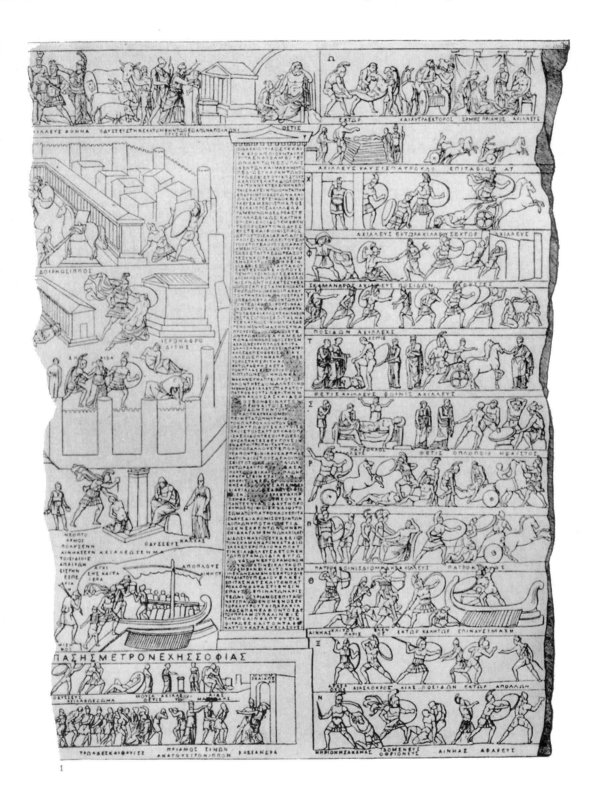

Aufgaben
a) Was läßt sich aus der kurzen Bemerkung in M 5.7 über die Ilias schließen?
b) Schreibt ein Gespräch über das Thema: Ein griechischer Schüler kommt nach Hause und muß seiner Mutter berichten!
c) Fällt dir etwas an dem Ausdruck »sehr geehrter Pädagoge« auf?
d) Den Sarg mit der Abbildung Helenas (M 5.2) fand man in Etrurien (Italien) und M 5.8 in Rom. Was sagt das über die Bedeutung der Ilias in der Antike aus?
e) Wozu könnte die Bildtafel (M 5.8) benutzt worden sein?

MATERIALIEN

M 5.9 Die Odyssee vor hundert Jahren und heute: Titelseite eines alten Schulbuches aus Deutschland, die ersten Zeilen der Odyssee auf einem T-Shirt (gekauft 1989 auf der Peloponnes).

ΟΜΗΡΟΥ ΟΔΥΣΣΕΙΑ.

Homers Odyssee.

Schulausgabe

von

Paul Cauer.

Vierte Auflage.

(Unveränderter Abdruck.)

Preis, gebunden, 2 M. 40 Pf. = 3 K.

Leipzig.   Wien.
G. Freytag.   F. Tempsky.
1905.

Aufgaben
a) Lies die Überschrift auf dem T-Shirt und der Titelseite!
b) Die Ausgabe der Odyssee von 1905 hat ein Titelblatt in »deutscher« Druckschrift, die heute nur noch sehr selten verwendet wird. Warum ist es schwierig, sie zu lesen?

MATERIALIEN

5.10 Stoffe für Krieg und Frieden — Gaben in homerischer Zeit
Neben den kriegerischen Handlungen beschreiben die Erzählungen der Ilias und Odyssee auch noch das Leben der frühen griechischen Zeit. Dazu eine »Schlagzeile« aus jener Zeit:

> **Trojanische Rundschau**
> Unabhängige Tageszeitung
> Andromache wird vermißt. Hektor sucht überall.
> WEBSTUHL STEHT STILL!
> Wie den letzten Verlautbarungen der Trojanischen Presse Agentur zu entnehmen ist, steht im Haus des Hektor der Webstuhl still!
> Vermißt wird die Leiterin der Textilproduktion und Ehefrau des Hektor, Andromache. Zuletzt wurde sie am skäischen Tor gesehen.
> Bei der momentan schwierigen politischen Lage — der Krieg in Troja geht ins zehnte Jahr — werden dringend Leichentücher für die Gefallenen gebraucht sowie purpurne Tuche für die Ausstattung der Räume, in denen die troischen Männer beim Mahl sich beraten. Auch muß Kleidung als Gastgeschenk für mögliche Verbündete hergestellt werden. Schließlich sollte Troja ja auch den Gaben der Gäste nicht nachstehen!
> Ein Erliegen der Textilproduktion hätte daher unabsehbare Folgen. Zweckdienliche Hinweise über den Aufenthaltsort Andromaches nehmen daher alle Angehörigen im Haus Hektors entgegen.

Aufgaben
a) Wie treffen die Menschen jener Zeit ihre Entscheidungen und nehmen Verbindung zu ihren Verbündeten auf? Wessen Arbeit ist für diese Form der Beziehungen nötig?
b) Suche nach einer Erklärung, warum Geschenke und deren Tausch in einer Gesellschaft von Bedeutung sind.
c) Wie wird das Thema »Gastgeschenke« in Indianergeschichten dargestellt?
d) Womit kannst Du heute die »Gastgeschenke« vergleichen? Zur Hilfe vergleiche die erfundenen Trojazeitung mit folgendem Abschnitt aus einer Illustrierten von 1992.

> *In diesen Tagen bekommt das populäre irische Staatsoberhaupt Mary Robinson Besuch vom deutschen Kollegen Richard von Weizäcker ... Mrs. President wirkt einen Augenblick lang verblüfft: Ein bebrilltes Schulmädchen mit Korkenzieherlocken hat ihr eine windschiefe braune Schachtel in die Hand gedrückt ... Wann immer Mary Robinson ein neues Frauenzentrum einweiht, Besuchergruppen empfängt oder einen Kongreß eröffnet, drängt ihr irgend jemand Sachen auf, die man sich von niemandem zum Geburtstag wünschen würde: einen gedrechselten Spazierstock, eine giftgrüne Landschaft hinter Glas, eine hölzerne Uhr in Form der irischen Insel, eine bestickte Tischdecke ... Im Präsidentenpalast mitten in Dublins wunderschönem Phoenix-Park gibt es ein Zimmer, das eigens für solche Geschenke eingerichtet ist, säuberlich mit Datum und Namen der Spender versehen ...*

MATERIALIEN

M 6.1 Griechische Haartrachten

M 6.2 Sappho an ihre Tochter Kleis — zweimal

*... so sprach zu mir meine Mutter einst:
schönster Schmuck in der Jugend sei,
wenn ein Mädchen die Flechten mit
Purpurbändern zu Zöpfen gebunden trägt:
sehr, sehr fein sei ein solcher Schmuck.
Hat ein Kind aber blondes Haar,
heller noch als das Leuchten der Fackel scheint,
— Kränze, bunt wie der Blütenflor,
sind für diese die passende
Mitra. Doch eine solche, wie du, Kleis,
jetzt dir wünschst, eine sardische,
bunte, (mag es in) Lydiens
Städten (geben, doch nicht, wo wir eben sind).
Keine bunte hab ich für dich,
Kind! Woher denn auch nähme ich
solchen Schmuck? Mytilenes Beherrscher, ihm
(gib die Schuld, daß es soweit kam)
... haben die ganze Stadt (?)
wenn ... einen bunten ...
Spuren trägt unsre Stadt genug,
seit der Kleanaktiden Macht
viele forttrieb: da brach unser Elend an.*

*Meine Mutter, Kleis, hat einst zu mir gesagt:
Wenn in deinem Alter ein Mädchen ihren Haarschopf
mit Purpurbändern umflochten trägt,
dann ist das ein schöner Schmuck
und kleidet sie sehr gut.
Wenn aber eine ganz blondes Haar hat,
noch heller als das Leuchten der Fackel -
Kränze sind dann für sie der passende Schmuck,
von üppig blühenden Blumen.
Doch eine Haube, wie du dir sie gerade wünschst, Kleis,
eine buntgestickte aus Sardes,
mag es in Lydiens Städten geben,
doch ich habe keinen bunten Kopfputz
für dich, Kleis, und weiß nicht, woher ich
eine Haube nehmen soll. Aber den Mann aus Mytilene,
den alle Welt an die Macht gebracht hat —
frag den doch, ob er dir bunten Putz beschaffen kann.
Seit die Tyrannen viele in die Verbannung trieben,
trägt unsere Stadt die Spuren —
bös ist es da zugegangen.*

Worterklärungen

Sappho: griechische Dichterin, wohl nach 640 v.Chr. auf Lesbos geboren
Purpur: roter Farbstoff, aus der Purpurschnecke gewonnen
Mitra: Kopfhaube
sardisch: nach Art der Stadt Sardes, einer Stadt in Lydien
Lydien: Landschaft in der heutigen Türkei
Mytiléne: Hauptstadt der Insel Lesbos
Kleanaktíden: Adelsfamilie in Mytiléne, zu der auch Myrsilos gehörte.

Aufgaben
a) Welchen Kopfschmuck aus M 6.1 meinte Sappho wohl?
b) Woher weiß man, wie die Haartrachten aussahen?
c) Vergleiche die beiden Gedichte! Worin unterscheiden sich die beiden Fassungen?

MATERIALIEN

M 6.3 Über Tyrannenherrschaft auf Lesbos

> Meist waren es jedoch rivalisierende Adelsgruppen, die den Boden für die Tyrannis bereiteten: Der Stärkste samt seinem Anhang aus verbündeten Adligen ... setzte sich durch ... Mit seiner bewaffneten Garde kontrollierte er die Stadt und unterdrückte jeden Widerstand. So war es auch auf Lesbos ...
>
> Auf das Königtum ... folgte ein oligarchisches Regiment, bestehend aus den angesehensten Familien, die in einem Adelsrat Sitz und Stimme hatten. Auch Sapphos Vater war ein Mitglied dieses Rates.
>
> Bald entstanden jedoch Rangstreitigkeiten, und einer der Aristokraten, Melánchros, nutzte diese aus, um die Herrschaft an sich zu reißen und sich zum Tyrannen aufzuwerfen. Um ihn zu stürzen, verbündete sich eine Gruppe Adliger, zu denen möglicherweise auch Sapphos Vater gehörte. Ihr Führer war Píttakos ... Sie unternahmen einen Staatsstreich, bei dem Melánchros getötet wurde. Seine Anhänger mußten in die Verbannung gehen, und der Adelsrat wurde wieder in seine Rechte eingesetzt ...
>
> Bald begannen wieder innenpolitische Wirren in Mytiléne. Einer der Anhänger des gestürzten und getöteten Melánchros, Myrsilos, ... kehrte aus der Verbannung zurück und machte sich zum Tyrannen. Wieder schlossen sich Adlige zum Widerstand zusammen, offenbar die gleiche Gruppe, die schon Melanchros bekämpft hatte. Píttakos gehörte zu ihr ... (Ihr) war jedoch kein Erfolg beschieden. Ein geplanter Anschlag wurde verraten, und Myrsilos' Gegner mußten ... fliehen. Dies war etwa im Jahr 604.
>
> (Sapphos Angehörige gehörten) zum Kreis der adligen Familien, die sich auch an dieser Oppositionsbewegung aktiv beteiligten ... (Auch Sappho,) die jetzt etwa sechzehn Jahre alt war, (ging) mit ihrer Familie ins Exil nach Pyrrha. Von dort aus bereitete man die Rückkehr nach Mytilene und den Sturz des Myrsilos vor. Die rebellischen Adligen mußten ihre Sache jedoch verlorengeben, als ihr wichtigster Verbündeter, Píttakos, sie verließ und zu Myrsilos übertrat.
>
> (Myrsilos fand bald den Tod.) Die Verbannten konnten nach Mytiléne heimkehren, doch mußten sie bald mit Erbitterung feststellen, daß die Stadt nur den Zwingherrn gewechselt hatte: Píttakos nahm nun die Stellung des Myrsilos ein. Die Adelspartei um Alkaios, zu der auch Sappho und ihre Familie gehörte, war nicht gewillt, sich (damit) abzufinden. Ihre Umtriebe hatten zur Folge, daß ihnen abermals die Verbannung auferlegt wurde ... Sie war mit einer Konfiskation des Vermögens verbunden ... Auch Sappho gehörte zu den Verbannten; sie begab sich nach Sizilien.

Worterklärungen

Tyrannis:	Herrschaft eines Tyrannen
Oligarchie:	Herrschaft weniger (Adliger)
Aristokrat:	Adliger, von Aristokratie: Herrschaft der Edelsten
Exil:	Verbannung, Verbannungsort
Konfiskation:	Einziehung des Eigentums ohne Entschädigung
Myrsilos:	Mitglied der adeligen Familie der Kleanaktiden

Aufgaben
a) Warum vertrieben die Tyrannen die Familie Sapphos?
b) Wen könnte Sappho in ihrem Gedicht mit dem Mann aus Mytiléne gemeint haben?
c) Warum konnte Sappho den Kopfputz für Kleis nicht beschaffen?
d) Forme das Gedicht in ein Gespräch zwischen Sappho und ihrer Tochter Kleis um!
e) Soll Deutschland politischen Flüchtlingen Asyl gewähren?

MATERIALIEN

M 6.4 Bäuerliches Leben

Nachdem sich der Dichter Hesiód (um 700 v. Chr.) mit seinem Bruder Perses wegen der Teilung des vom Vater ererbten Landbesitzes zerstritten hatte, widmete er ihm ein Gedicht:

> *Eris aber bringt sogar die faulen Männer zum Arbeiten: Wenn nämlich ein Faulpelz sich mit anderen vergleicht, die reicher sind, dann möchte er mehr erreichen, er strengt sich an, zu pflügen, zu säen, das Haus instand zu setzen: es gibt also einen Wettstreit des Nachbarn mit dem Nachbarn. Diese Göttin ist den Menschen nützlich; denn es beneidet der Töpfer den Töpfer, der Zimmermann den Zimmermann, der Bettler sieht neidvoll auf den Bettler, der Sänger auf den Sänger.*
>
> *Wir haben den Besitz bereits geteilt; du, Perses, aber hast vieles fortgenommen und auch noch die ausbeuterischen Herren gelobt, die dies unterstützten.*
>
> *Ich meine es ehrlich, wenn ich sage: »Perses, vor den Erfolg haben die Götter den Schweiß gesetzt!«*
>
> *Aber du, denke daran, was ich dir geraten habe; arbeite, Perses, damit der Hunger dich haßt, dich aber die Demeter liebt und dir deine Scheune mit Nahrung anfüllt.*
>
> *Spare in der Zwischenzeit, denn vorteilhaft ist das Sparen in der Notzeit.*
>
> *Zeuge ein Kind.*
>
> *Verschiebe nichts auf übermorgen und morgen, ein fauler Mann schafft es nicht, seine Scheune zu füllen, auch nicht einer, der alles verschiebt.*
>
> *Wenn du einen Knecht nimmst, dann einen ohne Haus, und eine Magd ohne Kinder.*
>
> *Pflege einen bissigen Hund und gib ihm genügend zu essen, damit dir nicht ein Faulpelz den Besitz raubt.*
>
> *Dann hole dir rechtzeitig eine Ehefrau in dein Haus, wenn du ungefähr dreißig bist, eine aus der Nachbarschaft ist am besten für die Ehe.*

Worterklärungen
Eris: Göttin des Streites und des Neides
Démeter: Göttin der Landwirtschaft

M 6.5 Griechische Landschaften

Aufgaben
a) Warum forderte Hesiod seinen Bruder immer wieder zu Sparsamkeit und Fleiß auf? Betrachte dazu auch die Bilder M 6.5!
b) In den Ermahnungen Hesiods stecken auch die Erfahrungen, die er mit seiner Umwelt gemacht hat. Welche waren das?
c) Warum ist Vorsicht geboten, wenn man Fotografien aus der Gegenwart zu Hilfe nimmt, um Früheres zu beweisen?
d) Welche Ratschläge sind auch heute noch von Bedeutung? Bei uns? In der »Dritten Welt«?

MATERIALIEN

M 6.9 Die griechische Kolonisation

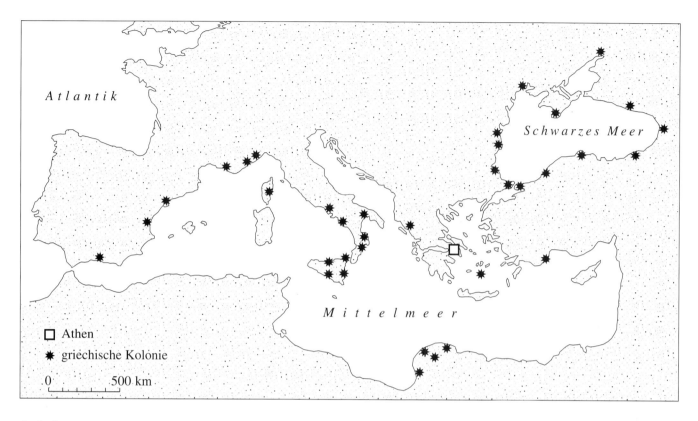

Aufgaben
a) Trage die Namen der genannten griechischen Kolonien in die Karte ein!
b) Berechne die Entfernungen zwischen einigen Mutter- und Tochterstädten!
c) Warum wandten die Theraier sich an das Orakel von Delphi? Denke zum Vergleich an die Sitte in heutiger Zeit, Autos oder Traktoren vor der ersten Fahrt zu segnen oder im Auto die Christopherusplakette anzubringen.
d) Die griechischen Schriftsteller gaben als Grund für Neugründungen selten den Handel an. Dennoch spielte er eine große Rolle. Wodurch läßt sich das beweisen?
e) Warum gingen auch sonst Handelsbeziehungen häufig den Koloniegründungen voraus?

MATERIALIEN

M 7.1 Über den Ursprung des spartanischen Staates
Plutárch:

> *Über den Gesetzgeber Lykúrg kann man nur Ungewisses berichten. Über seine Herkunft, seine Reisen, seinen Tod, besonders über seine Tätigkeit als Gesetzgeber gibt es verschiedene Meinungen. Am meisten umstritten sind jedoch seine Lebensdaten.*
> *Über die Verfassung hatte er in Delphi ein Orakel eingeholt. Es soll folgende Worte enthalten haben: »Gründe ein Heiligtum des Zeus und der Athena, bilde Stämme und Gemeinden, setze einen Ältestenrat von dreißig einschließlich der beiden Könige ein, halte in regelmäßigen Abständen eine Volksversammlung ab. Das Volk soll dann über Vorschläge abstimmen und entscheiden.«*

Außerdem wählte die Volksversammlung fünf Oberbeamte, die die Könige berieten und sie vertreten konnten. Diese Oberbeamte waren die Polizei, kontrollierten die Steuern und leiteten die Sitzung der Volksversammlung.

Worterklärungen
Plutárch: Griechischer Schriftsteller (46-120 n. Chr.)
Lykúrg: Sagenhafter Gesetzgeber in Sparta

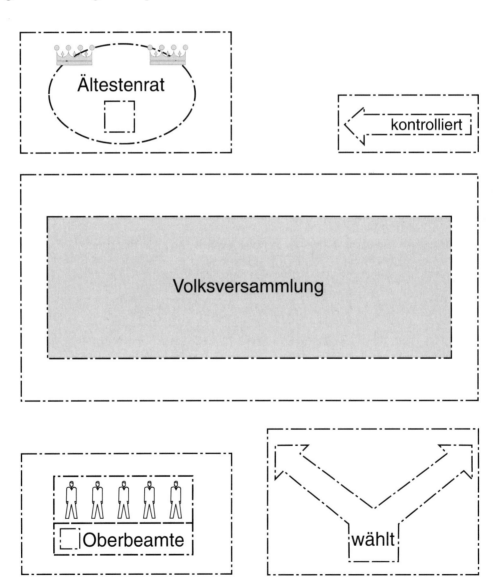

Aufgaben
a) Stelle mit den Zeichen ein Schaubild der spartanischen Verfassung her! Ordne die Einzelteile dabei so an, daß man erkennt, wer wem die Befehle gibt!
b) Trage die Zahl der Mitglieder — ohne die beiden Könige — in den Kreis für den Ältestenrat ein!

MATERIALIEN

M 7.2 Wer sind die Ältesten und wer ist das Volk in Sparta? — ein erfundenes Gespräch mit dem spatanischen Gesetzgeber Lykurg

Reporterin: »Herr Lykurg, wie ich gehört habe, haben Sie das Staatswesen in Sparta neu geordnet und sind daher ein Fachmann auf diesem Gebiet?«
Lykurg: »Ja, das stimmt.«
Reporterin: »Nun gut, wie wurde man dann Mitglied in dem Ältestenrat?«
Lykurg: »Man mußte über *60 Jahre* alt sein...«
Reporterin: »Aha, daher der Name — oh Entschuldigung, ich habe sie unterbrochen.«
Lykurg: »Man mußte, wie schon gesagt, also über 60 Jahre sein und zu den *Tüchtigsten* gehören. Den ersten Ältestenrat habe ich noch selbst eingesetzt, auch wenn es Böswillige gibt, die meine Existenz leugnen. Könnte ich hier sein, wenn es mich nicht gäbe...?«
Reporterin: »Die Streitereien der Forscher und Forscherinnen interessieren hier nicht. Bleiben wir beim Thema der Wahl der Ältesten!«
Lykurg: »Die Volksversammlung wählte aus den geeigneten Kandidaten die neuen Mitglieder des Ältestenrates aus, die dann *bis zu ihrem Tode* dieses Amt ausübten — es mußten ja immer 28 Mitglieder sein. In diesem *Rat* nun wurde alles *vorbereitet*, worüber die *Volksversammlung abstimmte* — Entscheidungen über *Krieg und Frieden, Gesetze, Bündnisverträge...*«
Reporterin: »Sie haben fast schon meine nächste Frage beantwortet, nämlich nach den Aufgaben der Volksversammlung.«
Lykurg: »Neben den bereits erwähnten Aufgaben *wählte* die Volksversammlung noch die *Oberbeamten*.«
Reporterin: »Wer aber saß nun in dieser Volksversammlung?«
Lykurg: »Die *Spartiaten*, um 490 v. Chr. waren es *8.000*.«
Reporterin: »Jetzt bin ich ganz verwirrt. Wer war denn ein Spartiat?«
Lykurg: »Jeder erwachsene *Vollbürger,* der die *spartanische Erziehung* erhalten hatte und über *Einkünfte* aus einem Landstück verfügte und seine Beiträge zu den *Gemeinschaftsessen der Krieger* leisten konnte.«
Reporterin. »Abschließend habe ich nur noch eine Frage, die ich schon vorhin stellen wollte — wie wurde man König in Sparta?«
Lykurg: »Man wurde als solcher geboren. Wie Sie ja sicherlich wissen, hatten wir stets zwei Könige in Sparta. Jeweils der *älteste Sohn* der beiden Familien der *Agiaden und Eurypontiden* wurde automatisch zum König.«
Reporterin: »Danke, Herr *Lykurg*, für dieses sehr aufschlußreiche Gespräch.«

M 7.3 Spartanisches Einflußgebiet auf der Peloponnés

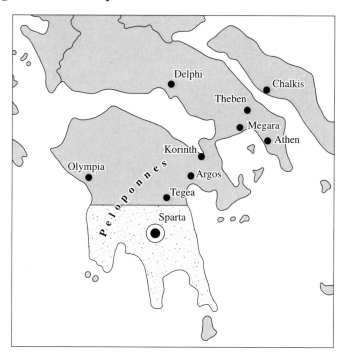

Aufgaben
a) Trage die Aufgaben der Volksversammlung und des Rates in dein Schaubild ein! Erkläre, wer an Sitzungen des Rates und an der Volksversammlung teilnehmen durfte!
b) Das unter spartanischer Herrschaft stehende Gebiet umfaßte eine Fläche von 8400 km². Zum Vergleich findest du auf der Abbildung das Gebiet Athens und Korinths. Erinnere Dich jetzt an die Zahl der Spartiaten! Fällt Dir etwas auf?

MATERIALIEN

M 7.4 Ein Staat der Gleichen?
Xénophon:

> *Ganz anders als in den übrigen Stadtstaaten Griechenlands verbot Lykúrg den Spartiaten, irgendein Gewerbe oder irgendeine Tätigkeit zu betreiben. Nur für den Staat sollten sie tätig sein. Reichtum hatte für sie keinen Sinn, da sie alle die gleichen Lebensmittelanteile für die Tischgemeinschaft aufbringen sollten. Auch bei der Kleidung ist keine Pracht erwünscht. Als Geld aber führte Lykúrg so große Münzen ein, daß bereits mehr als 10 Stücke kaum unbemerkt im Hause zu verstauen und zu transportieren waren.*

Worterklärungen
Xénophon: Griechischer Geschichtsschreiber (430-354 v. Chr.)
Lykúrg: Sagenhafter Gesetzgeber in Sparta

M 7.5 Eisengeld (8. Jh. v. Chr)

9 cm

Aufgabe
Man hat in Sparta nur Münzen aus Eisen gefunden, im übrigen Griechenland dagegen solche aus Edelmetall. Was folgt daraus?

MATERIALIEN

M 6.6 Griechisches Segelschiff

M 6.7 Griechische Kolonisation — ein Schiff verläßt Sparta

Über die frühe Geschichte der Insel Santorin/Thera erzählt Herodot folgendes:

> Zu derselben Zeit wollte Theras, der Sohn Autésions, der Enkel des Teisaménos, der Urenkel des Thersándros, aus Sparta auswandern. Theras gehörte zur Familie der Kadméier und war ein Onkel des Eurysthenes und des Prokles. Weil diese beiden noch Kinder waren, übte Theras, solange er ihr Vormund war, das Amt des Königs in Sparta aus. Als die beiden Neffen aber erwachsen waren und die Herrschaft antraten, wollte Theras nicht von ihnen beherrscht werden, nachdem er Geschmack am Herrschen gefunden hatte, und gab bekannt, daß er nicht in Sparta bleiben werde, sondern mit dem Schiff zu seinen Verwandten (auf die Insel Kallíste) fahren werde. Zu ihnen wollte Theras mit Leuten aus verschiedenen Stämmen fahren und dort siedeln, nicht in der Absicht, sie zu vertreiben, sondern um in Freundschaft mit ihnen zu leben. (So geschah es), die Insel aber wurde nach ihrem Besiedler Thera genannt.

Worterklärungen
Herodót: Griechischer Geschichtsschreiber (484-425 v. Chr.), unternahm zahlreiche Reisen nach Ägypten und Asien.
Kadmos: Sagenhafter König Thebens

Aufgaben
a) Welchen Grund nennt Herodót für die Neugründung?
b) Worauf weist die Umbenennung der Insel von Kallíste in Thera hin?
c) Welche anderen Gründe gibt es, daß Menschen auswandern?

M 6.8 Die Kolonisation geht weiter: Eine Enkelin–Siedlung entsteht

Aber auch ein Teil der Bewohner der Insel Thera verließ längere Zeit nach der Gründung Theras seine Heimat. Was Herodot darüber berichtet, läßt sich folgendermaßen zusammenfassen:

> Die Theráier hatten das Orakel in Delphi, wo der Gott Apollon verehrt wurde und durch seine Priesterin, die Pythia, zu den Menschen über die Zukunft sprach, aufgesucht. Dort erhielten sie den Rat, eine Kolonie in Libyen zu gründen. Die Theraier wußten aber nicht, wo Libyen lag und kümmerten sich nicht darum. Es folgte eine siebenjährige Dürre und Hungersnot auf der Insel, und die Bewohner fragten erneut in Delphi bei der Apollonpriesterin um Rat. Wiederum erhielten sie die Antwort, in Libyen zu siedeln. Mit Hilfe eines Fischers, der sich in Libyen auskannte, gelangte nun ein Teil der Bürger als Kundschafter zu der kleinen Insel Platea vor der libyschen Küste, wo sie ihren Anführer, den Fischer, zurückließen. Zurück in der Heimat auf Thera losten sie aus allen Familien die neuen Siedler aus, die dann mit zwei Fünfzigruderern aufbrachen. Später gründeten diese Siedler dann auf dem Festland Libyens den Ort Kyréne.

MATERIALIEN

M 7.6 Die Nicht-Spartiaten kommen zu Wort:

> *Der Perióke*
> Mein Name ist Nikoklés. Ich gehöre zur Gruppe der Umwohner und komme aus Thuria. Wenn es in Sparta Krieg gibt, dann muß ich mitkämpfen. In die Volksversammlung und den Ältestenrat darf ich allerdings nicht gehen, weder darf ich abstimmen noch für irgendein Amt gewählt werden. Das Land der Gemeinden, in denen wir Periöken wohnen, ist meistens weniger fruchtbar als das der Spartiaten. Deshalb sind viele von uns Händler und Handwerker. Mit den Waffen, die wir herstellen, trägt die Polis Sparta ihre Siege davon.
>
> *Der Helót*
> Ich bin ein Helot, ein Sklave. Meine Vorfahren in Lakonien und Messenien wurden von den Spartiaten unterworfen. Das Land haben sie aufgeteilt, und für sie müssen wir jetzt arbeiten. Wenn wir am Krieg teilnehmen, dann als Bedienstete der Spartiaten, z. B. als Schildträger. Wir haben keine Rechte. Man erkennt uns an der Kleidung, dem Lederschurz und der Kappe aus Hundefell.

Aufgaben
a) Es ist sehr schwer zu sagen, wieviele Periöken und Heloten es insgesamt gab. Für das Jahr 479 v. Chr. berichtet der Geschichtsschreiber Herodot, daß an der Schlacht bei Platáiai, als die Griechen gegen die Perser kämpften, aus Sparta 5.000 Spartiáten, 35.000 Heloten und 5.000 Periöken teilnahmen. Wer ist in diesen Zahlen nicht enthalten?
b) Warum durften die Heloten nur Schildträger sein?
c) Welche Möglichkeiten hätten die Heloten und Periöken gehabt, ihre Lage zu verändern?
d) Die Könige führten das Heer. Ergänze das Verfassungsbild durch die Gruppe der Periöken und Heloten!
e) Vergleiche die Situation der Ausländer bei uns heute mit der der Periöken!

M 7.7 Eine Erklärung?

Thukydides:

> *Die Spartaner hatten einst in folgender Weise gehandelt, aus Furcht vor der Verwegenheit und der zahlenmäßigen Stärke der Heloten — die meisten Entscheidungen trafen sie ja immer mit dem Ziel, sich vor den Heloten zu schützen -: Sie erklärten, jene Heloten, die da von sich glaubten, besonders tapfer für die spartanische Sache gekämpft zu haben, sollten beiseite treten, unter dem Vorwand, sie würden freigelassen werden. Aber in Wirklichkeit stellten die Spartaner sie nur auf die Probe, da sie dachten, wer sich vor den anderen zur Freiheit dränge, werde am ehesten auch über sie selbst herfallen. Etwa 2000 Heloten wurden auf diese Weise ausgesondert; sie setzten sich Kränze auf und zogen zu den Heiligtümern, als wären sie bereits frei. Kurze Zeit später ließen die Spartaner sie verschwinden, und niemand wußte, wo sie bis auf den letzten Mann ihr Ende fanden.*

Worterklärung
Thukydides: Griechischer Geschichtsschreiber (455-399/96)

Aufgaben
a) Die Spartiaten wohnten nicht auf ihren Landgütern, sondern in Sparta. Warum taten sie das?
b) Thukyides kannte die Erzählung aus mündlicher Überlieferung. Ist sie glaubwürdig?

MATERIALIEN

M 7.8 Hoplíten-Phálanx

M 7.9 Ein Gedicht des Tyrtáios:

*Ehrenvoll ist es, vor dem Feind zu sterben,
als ein tapferer Mann in vorderster Linie zu fallen,
der um seine Heimat und sein Land kämpft.
Am schrecklichsten aber ist es, wenn man die Heimat
und die fruchtbaren Äcker verlassen muß und
umherirrt, gemeinsam mit der teuren Mutter und dem alten Vater,
mit den kleinen Kindern und der ehrbaren Frau.
Verhaßt ist ein solcher den Leuten, zu denen er bittend kommt,
denn ihn treibt die Not sowie jämmerliche Armut.
Schande bereitet er dem eigenen Geschlecht,
kümmerlich, elend und verhöhnt lebt er,
ehrlos in Schimpf und Schande.*

Worterklärungen
Hoplít: Schwerbewaffneter Krieger zu Fuß (gr. hóplon: Waffe)
Phálanx: Schlachtreihe
Tyrtaíos Griechischer Dichter, vielleicht aus Sparta stammend (7. Jh.)

Aufgaben
a) Vergleiche Bild und Gedicht!
b) Was gehörte zur Ausrüstung eines Kriegers aus Sparta?
c) Stelle die Unterschiede zur adligen Form des Zweikampfes heraus!
d) Inwiefern waren die Spartiaten auch im Kampf gleich?
e) Begründe, warum Sparta auf Stadtmauern verzichten konnte!

MATERIALIEN

M 7.10. Erziehung in Sparta
Ein moderner Geschichtsschreiber beschreibt die Erziehung der Jungen in Sparta so:

> Ein Vater hatte kein Entscheidungsrecht darüber, ob sein neugeborener Sohn aufgezogen wurde oder nicht. Er war gehalten, das Baby den Älteren seines Stammes zur Inspektion vorzuweisen. Stellten diese befriedigt fest, daß es stark und gesund war, so gaben sie es dem Vater zur Aufzucht zurück, andernfalls ordneten sie seine Aussetzung an. Der Sohn eines Spartiaten blieb unter der Obhut seiner Eltern, bis er sieben Jahre alt war. Schon in diesem Alter wurde er der Familie genommen und vom 8. bis zum 21. Jahr in einer strengen Zucht beinahe militärischer Art erzogen ...
>
> Ein wichtiger Beamter, der Knabenwärter, wurde bestellt, die Erziehung in seine Obhut zu nehmen. Seine Befehlsgewalt über die Knaben ähnelte der eines Generals über seine Armee. Ihm zur Seite stand ... eine Anzahl Bürger, Geißelträger genannt, und wir dürfen annehmen, daß dieser Titel kein leeres Wort war, denn in einer Gesellschaft, die die Kinder als Staatseigentum ansah, konnte jeder Bürger einen Knaben tadeln oder bestrafen. Sogleich zu Beginn der Erziehung wurde der Siebenjährige einer der »Scharen« zugeteilt. Jede Schar wurde von einem Knaben kommandiert, dessen Anweisungen die übrigen zu gehorchen hatten. Nur die Anfangsgründe des Lesens und Schreibens wurden gelehrt, der Unterricht bestand größtenteils darin, Gehorsam, körperliche Tüchtigkeit und Mut mit aller Strenge anzuerziehen, um in der Schlacht siegen zu können.
>
> Für die Zwölfjährigen wurden die Verhaltensregeln noch strenger. Sie durften nicht mehr den Knabenkittel tragen und wurden mit nur einem Mantel im Jahr ausgestattet. Die Knaben schliefen in der Schar auf Binsenlagern, und tagsüber hatte das Militärische zunehmend größeren Anteil an ihrer Tätigkeit. Junge Leute in der obersten Altersklasse ... verhielten sich wie Offiziere, veranstalteten für die Knaben Kriegsspiele und hatten am Abend den Vorsitz beim gemeinschaftlichen Essen. Die Knaben wurden dazu ermuntert, hinauszugehen und Lebensmittel für ihre Mahlzeit zu stehlen, aber wenn man sie dabei ertappte, wurden sie gegeißelt. Athletische Wettbewerbe nahmen in der Ausbildung breiten Raum ein ... Knaben wohnten manchmal den gemeinschaftlichen Mahlzeiten der Spartiaten bei.

Aufgaben
a) Was war der Grund für diese harte Erziehung der Knaben?
b) In welchem Zusammenhang wird heute der Begriff »spartanisch« gebraucht?

M 7.11 Spartanische Läuferin (Bronze um 560 v. Chr.)

MATERIALIEN

M 7.12 Ein spartanisches Mädchen erzählt:

> Mein Name ist Lampitó, ich bin 14 Jahre alt und habe zwei Geschwister, einen kleinen Bruder von 5 Jahren, Kastor, und eine erwachsene Schwester, die schon 20 Jahre ist. Sie heißt Klytaimnéstra. Mein Vater ist der Spartiat Alkmán, und meine Mutter rufen sie Hélene.
> Was ich so mache? Nun, ich treibe viel Sport. Meine Lieblingssportarten sind Wettlauf sowie Diskus- und Speerwerfen; Ringen finde nicht ganz so gut. Dann mache ich noch gerne bei gemeinsamen Sprungwettbewerben mit. Wir bilden dann oft eine Gruppe von 5 Mädchen, und jede von uns springt über die Schultern der anderen. Am meisten Spaß hatte ich aber dieses Mal beim Hyakínthia-Fest, weil ich am Wagenrennen der Mädchen teilnehmen konnte.
> Ich muß viele Texte auswendig lernen, um sie dann in meiner Chorgruppe singen zu können. Dabei tanzen wir auch, und dafür müssen wir üben und üben, damit jeder Schritt stimmt. Meine Gruppe ist großartig, wir verstehen uns gut und haben eine nette Chordichterin, die mit uns die Lieder einstudiert — Chordichter heißen die Dichter, die die Chorlieder schreiben. Bei den Chorauftritten an den Götterfesten und Gemeindefeiern will sich keine blamieren.
> Über meinen Bruder kann ich nicht viel erzählen, der ist ja noch klein. Außerdem lohnt es nicht, sich mit Brüdern näher zu beschäftigen, die sind ja nur Gäste auf Zeit in einer Familie. Meine Schwester ist noch oft bei uns zu Hause. Zwar ist sie verheiratet und hat eine kleine Tochter, aber ihr Mann ist noch unter 30, und deswegen bekommt er nur ab und an Urlaub vom Trainingslager. Wenn meine Mutter Zeit hat, haben wir viel Spaß miteinander und singen.
> Mein Vater ist wenig zu Hause; er hat vieles zu erledigen: Körpertraining, Überwachung der Trainingslager der jungen Männer, Teilnahme an der Jagd und den Gemeinschaftsessen der Krieger, Politik — und wenn Krieg ist, dann muß er natürlich fort.
> Und meine Mutter? Viele gute Ratschläge für das Singen und Tanzen hat sie mir schon gegeben, und oft treibt sie Sport mit mir. Sie muß sehen, daß unsere Helotenfamilie unser Land ordentlich bewirtschaftet und daß die Helotinnen ihre Webarbeit zuverlässig verrichten. Manchmal hat sie auch geschäftlich mit den Periöken zu tun.
> So, das sind alle Familienmitglieder. Halt, eins habe ich vergessen; ich habe ein Haustier, ein Wiesel, das ich Hermes genannt habe, weil es wie dieser Gott so flink ist. Sonst fällt mir nichts mehr ein. Vielleicht doch noch, was ich immer anziehe: Wie alle sportlichen spartanischen Mädchen trage ich Mini, weil man damit besser laufen kann als mit langen Kleidern.

Worterklärung
Hyakínthia-Fest: Fest zu Ehren des Apollon mit Tanz, Gesang und sportlichen Wettbewerben

Aufgaben
a) Schreibt »Steckbriefe« von allen Familienmitgliedern, in die ihr Namen, Tätigkeiten, Alter usw. eintragt.
b) Wir kennen viele Namen von Spartiaten, aber fast keine von Periöken und Heloten. Woran liegt das?

MATERIALIEN

M 8.1 Ölbaumpflanzung heute (A) und Ackerbau auf einer Oase (B) (6. Jh. v. Chr.)

A

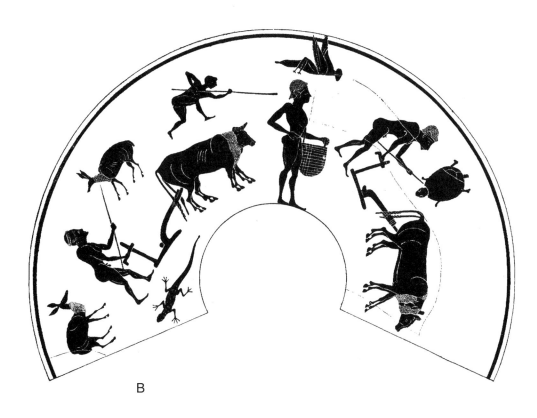

B

Aufgaben
a) Wie wurde im antiken Griechenland gepflügt? Wie pflügen die Bauern heute?
b) Wozu wurde das Öl gebraucht?

MATERIALIEN

M 8.2 Ein Sechstellöhner aus Attika erzählt:

> Die letzten Jahre waren schlimm, man hatte kein Auskommen mehr. Wie alles angefangen hat? Eigentlich war unsere Familie immer eine stolze Bauernfamilie. Stolz, aber bescheiden und fleißig. Seit einiger Zeit jedoch ist der Wurm drin — es ging los damit, daß wir vier Brüder waren und nach des Vaters Tod das Land unter uns Vieren aufteilen mußten. Vielleicht hätten wir es ja mit den kleineren Landstücken noch geschafft. Denn wir hatten uns alle gut verheiratet, meine Frau hatte sogar gutes Land mit in die Ehe gebracht.
>
> Dann aber folgten die trockenen Jahre. Eins kam zu anderen: Ich hatte in meiner Großzügigkeit noch einem Gastfreund mein Vieh ins wasserreiche Olympia zum Weiden gegeben, er aber hat das hinterher geleugnet und mein Vieh als seines ausgegeben. Durch die Mißernten konnte ich das Saatgut, das ich mir geliehen hatte, nicht zurückzahlen. Um überhaupt zu überleben, mußte ich meinen Grund und Boden verpfänden. Auf meinem Land stehen jetzt die Hypothekensteine des Anaximandros, der hat genügend Mittel! Nein, diese Schande, die Hypothekensteine sind für alle sichtbar. Wie gut, daß die Eltern nicht mehr leben! Von der eh schon kleinen Ernte muß ich dem Anaximandros den sechsten Teil abliefern.
>
> Aber wenn ich so denke, dann geht es mir noch gut. Denn zwei meiner Brüder sind sogar in die Schuldsklaverei geraten: Der eine muß nun dem Stepsiades seine Arbeitskraft als Hirte zur Verfügung stellen. Der andere jedoch mußte erst bei eben jenem Stepsiades im Olivenhain arbeiten und wurde dann als Schuldsklave verkauft — wir wissen nicht wohin. Der vierte Bruder aber hält sich in den Bergen verborgen, um den Gläubigern zu entgehen. Geben es die Götter, daß er noch lebt. Ja, eine traurige Familie sind wir geworden.
>
> Aber in letzter Zeit schöpfe ich wieder ein wenig Hoffnung, ich habe gehört, daß ein gewisser Solon uns Kleinbauern helfen will...

Aufgaben
a) Erkläre die Unterschiede zwischen den zwei verschiedenen Formen der Abhängigkeit!
b) Nenne die Gründe für die wirtschaftlichen Schwierigkeiten dieser Familie!
c) Vergleiche mit Hesiod (M 6.4)

M 8.3 Solons Reformen — Athen auf dem Wege zur Demokratie?

> Der griechische Schriftsteller *Plutarch* schrieb über den Beginn der Reformen:
> Da die vernünftigen Athener sahen, daß Solon außerhalb des Streites stand, er also weder an der Ungerechtigkeit der Reichen beteiligt war, noch unter der Not der Armen litt, baten sie ihn, ihre Streitereien zu schlichten.
>
> Der griechische Philosoph *Aristoteles* berichtete dazu folgendes:
>
> Da der Aufstand heftig war, wählten sie Solon zum Schiedsrichter und Archonten. Ihm übertrugen sie das Staatswesen.
>
> *Solon* selbst schrieb über seine sozialen Reformen:
>
> Die Hypothekensteine, Zeugnisse der Verschuldung, habe ich beseitigt ... Sehr vielen Bürgern, die man ins Ausland verkaufte, ... auch anderen, die in fremde Länder flüchteten und nicht mehr unsere Sprache sprechen konnten, habe ich die Heimkehr nach Athen ermöglicht ... Den hier Versklavten, die Angst vor ihren Herren hatten, gab ich die Freiheit wieder.
>
> Über die politischen Maßnahmen Solons berichtete *Aristoteles:*
>
> Er erließ auch andere Gesetze ... Sie schrieben diese auf Pfeiler und stellten sie auf ... Nach einer Schätzung der Besitzwerte teilte er vier Steuerklassen ein: Fünfhundertscheffler, so hießen die Wohlhabendsten, Ritter, Bauern und Arme. Die ersten drei Klassen nun durften Archonten werden ... Die vierte Schicht durfte nur zusammen mit den anderen Schichten in der Volksversammlung sitzen und den Gerichten angehören.
>
> Außerdem bildete er einen Rat aus vierhundert Bürgern, nachdem die Bürgerschaft in vier Unterabteilungen gegliedert worden war, aus denen je 100 Bürger kamen. Den alten Adelsrat, den Areopag, machte er zum Wächter der Gesetze.
>
> Demokratisch scheint an Solons Reformen: Die Beseitigung der Schuldknechtschaft, weiter, daß jeder Klage gegen eine Ungerechtigkeit und Verbrechen erheben kann, und drittens das Volksgericht, (wo Bürger sich Hilfe gegen Entscheidungen der Beamten holen konnten).

Worterklärung
Archont: Hoher Beamter in Athen

MATERIALIEN

M 8.4 Ständer mit den Gesetzen Solons (moderne Zeichnung)

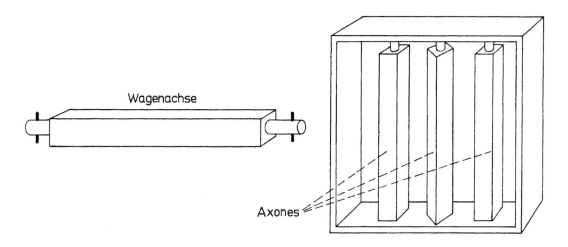

Aufgaben
a) Ordne die Einzelteile der athenischen Verfassung so an, daß (wie bei Sparta) sichtbar wird, wie die Verfassung funktioniert!
   Worterklärung:
   Phylen hießen die Unterabteilungen der athenischen Bürgerschaft
b) Was waren die Aufgaben der athenischen Volksversammlung und des Rates?
c) Der Gesetzestext war auf altertümliche Art und Weise eine Reihe von links nach rechts, die nächste von rechts nach links geschrieben — mit der griechischen Bezeichnung hieß das »boustrophedon« = wie der Ochse pflügt. Erkläre das!

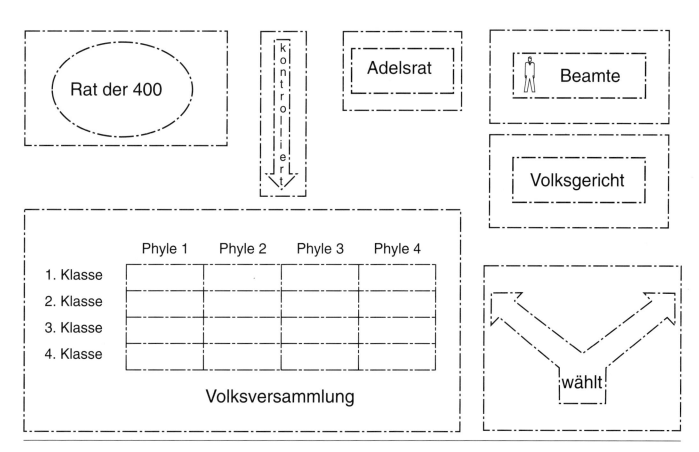

101

MATERIALIEN

M 8.5 Ein Streitgespräch zwischen Kleisthenes und Isagoras:

Isagoras: Was willst Du eigentlich erreichen, Isagoras? Die Stärkung deiner Familie, der Alkmaioniden?
Kleisthenes: Das mußt gerade du sagen! Du hast doch versucht, im Interesse deiner Leute das Amt des Archonten auszuüben. Alle meine Reformvorschläge hast du blockiert. Nicht genug, hast du auch noch den spartanischen König Kleomenes gegen uns Athener mobilisiert. Da mußten wir uns wehren. Wenn ich mir vorstelle, daß du den von Solon eingeführten Rat der 400 abschaffen wolltest!
Isagoras: Das ist deine Meinung. Um mich zu überzeugen, mußt du aber schon mehr von deinen angeblichen Reformvorschlägen herauslassen.
Kleisthenes: Ich werde ganz Attika in zehn Bezirke, Phylen, einteilen.
Isagoras: Warum reichen dir nicht die vier Bezirke, wie wir sie bisher hatten?
Kleisthenes: Du läßt mich ja nicht ausreden. Ich stelle mir das Phylensystem ganz anders als bisher vor. Jede Phyle wird aus drei Untereinheiten bestehen, die nicht unbedingt zusammenliegen, die aber für die unterschiedlichen Landstriche unseres Gebietes stehen: also eine Phyle je aus einem Drittel Küste, Binnenland und Stadt. Und in diesen Dritteln liegen dann die Gemeinden.
Isagoras: Beim Zeus, ist das kompliziert! Was soll das bringen?
Kleisthenes: Die Bürger der Gemeinden, die nun in einer Phyle sind, stehen für unterschiedliche Gebiete Attikas, eine gute Mischung sind sie! Jede dieser so zusammengesetzten Phylen wird nun 50 Männer durch Los bestimmen, die dann für ein Jahr in Athen Ratsherren sein werden.
Isagoras: Also 500 Mitglieder im Rat. Was sollen diese machen und wer garantiert, daß sie nicht Gefallen an ihren Aufgaben finden und deswegen nach dem Jahr nicht mehr abtreten wollen?
Kleisthenes: Du fragst nach der Aufgabe des Rates? Das dürfte doch wohl klar sein! Die Mitglieder des Rates sollen die Beschlüsse der Volksversammlung, der ja alle Vollbürger angehören, vorbereiten und durchführen. Daß sich keiner in seinem Amt einnistet, dafür ist in meinem Reformprogramm gesorgt. Während des ganzen Lebens soll jeder nur zweimal Ratsherr sein. Der Arbeitsausschuß des Rates der 500, die Prytanie, wird aus je 50 der 500 Leuten bestehen. Sie wechseln in jedem Monat.
Isagoras: Das habe ich nicht verstanden!
Kleisthenes: Also, die 500 Ratsherren werden in Gruppen zu 50 je ein Zehntel des Jahres in der Prytanie sitzen. Den Vorsitz der Prytanie aber wird aus der Gruppe der 50 Prytanen jeden Tag ein anderer haben. Du siehst also, daß es unmöglich ist, daß ein Ratsherr oder eine Gruppe zu lange mit der Macht Kontakt hat. Außerdem werden die Mitglieder der Prytanie und der Vorsitzende durch Los bestimmt. Es soll keine Tyrannis adeliger Cliquen und Familien mehr in Athen geben. Dafür wird auch schon das Scherbengericht sorgen!
Isagoras: Scherbengericht, was ist denn das schon wieder?
Kleisthenes: Nun, unliebsame Bürger, die — wie einst Peisistratos — nach der Alleinherrschaft streben, werden wir für 10 Jahre aus Athen verbannen. Unsere Entscheidung wird in der Volksversammlung getroffen werden und zwar so, daß wir die Namen dieser Leute auf Tonscherben schreiben werden. Bei einer Abgabe von mindestens 6000 Stimmen wird derjenige Athen verlassen, auf den die meisten Stimmen entfallen sind.
Isagoras: Was für Zeiten! Willst du denn auch den Adelsrat abschaffen? Und die Archonten?
Kleisthenes: Nein, die Aufgaben des Adelsrates bleiben die gleichen wie bei Solon. Zu den Archonten: Diese Ämter bleiben erhalten. Und auf der Grundlage der Phylen können wir dann auch das attische Heer ausheben.
Isagoras: So soll es sein, ich aber gehe, glaube ich, lieber nach Sparta, hier wird mir zu viel verwaltet …

Worterklärung:
Peisistratos: geb. um 600, gest. 527 v. Chr., war 561-527 v. Chr. Tyrann in Athen.

M 8.6 Überreste eines Scherbengerichtes

MATERIALIEN

M 8.7 Das athenische Stadtgebiet

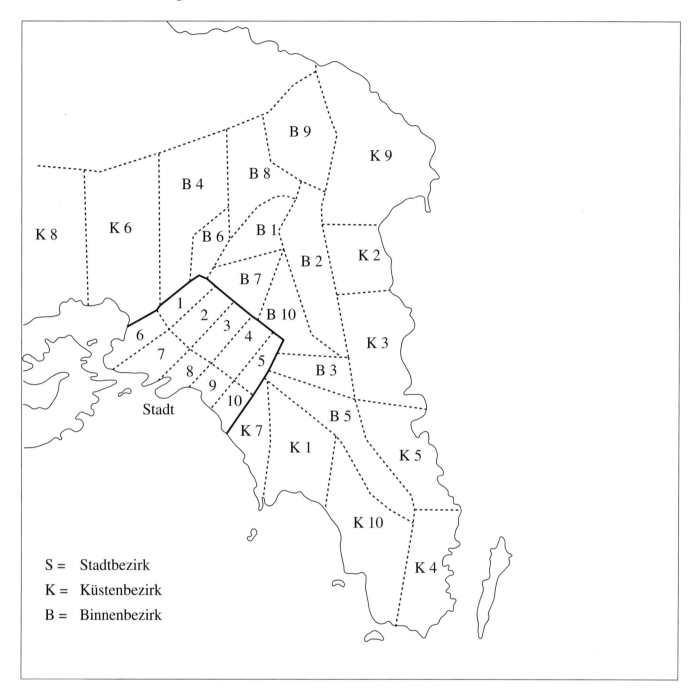

S = Stadtbezirk
K = Küstenbezirk
B = Binnenbezirk

Aufgaben:
a) Welche Namen stehen auf den Tonscherben? (M 8.6)
b) Malt in der beigefügten Karte des athenischen Stadtgebietes (M 8.7) die Drittel (S, K und B) einer Phyle jeweils in derselben Farbe aus! Was meinte Kleisthenes mit dem »Mischen«?
c) Fertigt mit Hilfe des Textes (M 8.5) und der auf der nächsten Seite abgebildeten Zeichen ein Schaubild von der Reform des Kleisthenes.
d) Vergleicht jetzt die Verfassung des Kleisthenes mit der Solons und mit der spartanischen Staatsform!

MATERIALIEN

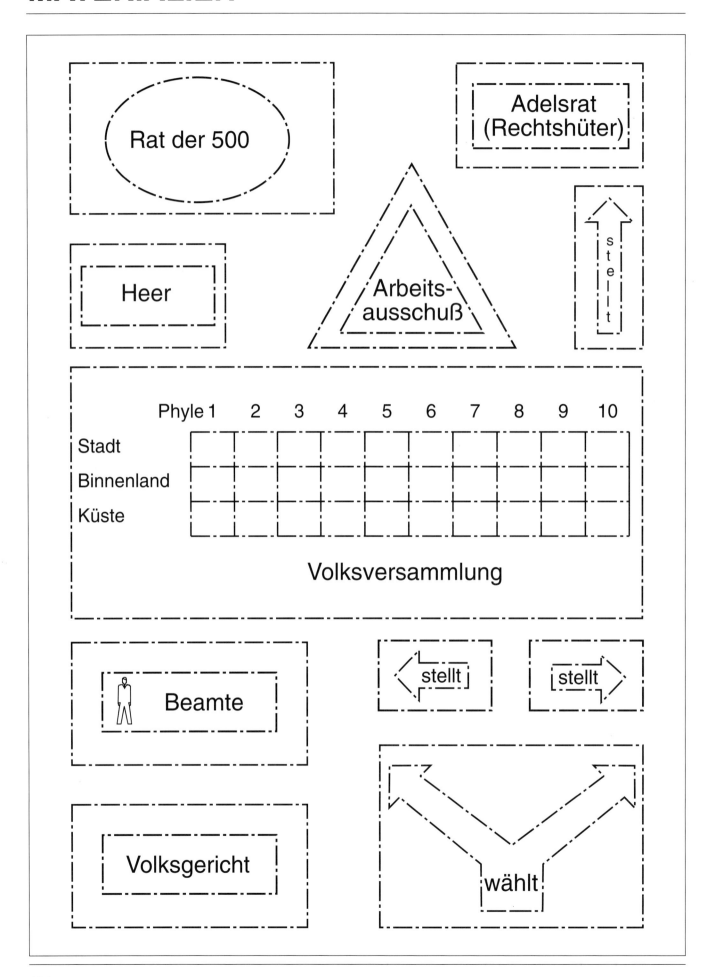

MATERIALIEN

M 8.8 Der Metöke Kephalos macht seinem Unmut Luft:

Ich bin also ein Metöke, ein Mitbewohner. So nennen sie in Athen uns alle, die wir ständig hier leben — ohne Unterschied, ob wir aus anderen Städten Griechenlands kommen oder aus finsterstem Barbarenlande.
Von wegen Herrschaft des Volkes in Athen! Nur die Vollbürger haben Rechte. So ist es in dieser Polis! Es geht damit los, wenn Leute wie wir Wohnsitz in Athen nehmen wollen, dann können wir uns nicht einfach in die Listen der Gemeinden eintragen lassen — nein, wir brauchen einen gesetzlichen Vertreter, natürlich einen Vollbürger, der für uns bürgt. Dann erst erhalten wir Wohnrecht.
Unsere Pflichten? Nun, wir müssen eine Steuer entrichten, ich zahle derzeit 12 Drachmen — jährlich. Man stelle sich vor: Meine Schwester, die verwitwet ist und ihren Lebensunterhalt als Gemüsehändlerin verdient, zahlt 6 Drachmen, und das, wo sie doch drei Kinder zu ernähren hat. Manche nennen das zwar eine kleine Summe, ein Bauarbeiter verdient in 14 Tagen ungefähr soviel wie ich als Steuer zahle. Aber die Verordnung lautet, daß ich in die Sklaverei verkauft werden kann, wenn ich nicht zahle, vom Ärger mit der Marktsteuer ganz zu schweigen! Für die Herren Vollbürger dagegen gilt, daß nur die Reichen Geld für Feste, Ausstattung von Kriegsschiffen und Gymnasien geben — freiwillig selbstverständlich, von den übrigen zahlt keiner regelmäßig Steuern. Wenn es aber dann einer von uns einmal geschafft hat und viel Geld besitzt, wird er auch zu diesen freiwilligen Leistungen herangezogen. Wir übrigen Metöken dagegen — als ob wir eine Wahl hätten! Und in den Krieg müssen wir natürlich auch mitziehen.
Unsere Rechte? Natürlich das Wohn- und Arbeitsrecht in Athen und die Möglichkeit, das Rechtssystem zu nutzen. Aber wenn wir einmal einen Prozeß führen wollen, sind wir alles andere als unabhängig: Wir brauchen dafür die Unterstützung unseres gesetzlichen Vertreters. Von unseresgleichen aber, die selbst Opfer eines Gewaltverbrechens sind, will ich hier gar nicht reden — zählt doch der Mord an einem Metöken nur als Totschlag!
Zu allem Überfluß kommt noch hinzu, daß wir Grundstücke und Häuser nur mieten, nicht kaufen dürfen. Tja, in der Polis zu wohnen, heißt noch lange nicht, zur Polis zu gehören: Denn in der Volksversammlung, dem Rat und allen Ämtern der Stadt sind wir nicht erwünscht. So ist das also mit uns Metöken ...

Aufgaben:
a) Welche Unterschiede gab es zwischen den Metöken in Athen und den Periöken in Sparta?
b) Warum verwehrten die Athener den Metöken das volle Bürgerrecht? Weshalb blieben die Metöken trotzdem in Athen?

MATERIALIEN

M 9.1 »Barbaren sind Sklaven«
In seinem Theaterstück »Hélena« (412 v. Ch.) läßt Eurípides Hélena klagen:

> *Götter führten mich aus meiner Heimat*
> *in wilde Barbarei, und, meinen Lieben fern,*
> *muß ich, die Freigeborene, als Sklavin leben;*
> *Barbaren sind ja durchweg Sklaven ...!*
> *Wozu soll ich noch leben? Worauf warte ich?*
> *Soll ich durch Heirat mich aus meiner Not befreien,*
> *mit einem Mann, der ein Barbar ist, leben und*
> *an reichem Tische sitzen? Nein, haßt eine Frau*
> *den Gatten erst, so haßt sie auch ihr eigenes Leben.*
> *Dann lieber sterben! Freilich, einen Tod in Ehren!*
> *Der Tod am Strang ist häßlich und bringt Schimpf und Schande;*
> *und sogar Sklaven halten ihn für ungeziemend.*

Worterklärung:
Eurípides: Athenischer Dichter, 480-406 v. Chr.
Hélena: In der griechischen Sage die Tochter des Zeus und der Leda. Páris, der Sohn des Königs von Troja, entführte sie und löste damit den Trojanischen Krieg aus.

Aufgaben
a) Die Trojaner lebten unter der Herrschaft von Königen. Warum betrachtet Hélena dies als Sklaverei?
b) Welche anderen Umstände können Hélena veranlassen, die Menschen ihrer Umgebung — sogar den Königssohn Páris — als Barbaren zu bezeichnen?
c) Gibt es in unserer Gegenwart ähnliche Schicksale?

M 9.2 Griechen und Perser
Die Griechen befanden sich häufig im Streit mit den Persern. Auf das Angebot, mit dem persischen König Xerxes Frieden zu schließen, antworteten die Athener nach der Erzählung Herodóts:

> Ihr kennt doch die Auffassung der Athener, daß wir nicht um alles Gold in der Welt, nicht um das schönste und trefflichste Land persisch würden und Griechenland in die Sklaverei brächten. ...Wir haben gleiches Blut und gleiche Sprache mit den Griechen, die gleichen Heiligtümer und Opfer, die gleichgearteten Lebensweisen. Es wäre nicht anständig, wenn wir dies alles verraten wollten. ...Solange noch ein einziger Athener am Leben ist, gibt es keine Aussöhnung mit Xerxes.

Worterklärung:
Herodót: Griechischer Geschichtsschreiber (484-425 v. Chr.), unternahm zahlreiche Reisen nach Ägypten und Asien. In seinem Werk spielen die Auseinandersetzungen zwischen Persern und Griechen eine große Rolle.
Xerxes: Persischer König (485-465 v. Chr.), eroberte Teile Griechenlands, ließ Athen plündern und unterlag den Griechen in der Schlacht bei Sálamis (480 v. Chr.).

Aufgaben
a) Woran erkannten die Griechen ihre Zusammengehörigkeit im Vergleich mit den Persern?
b) Warum galten die Perser ihnen als Sklaven?

MATERIALIEN

M 9.3 Das Verhältnis von Griechen zu Griechen
Pláton über Griechen und Barbaren:

> Für Feindschaft mit den Befreundeten brauchen wir das Wort »Zwist«, mit den Fremden aber »Krieg«. Ich behaupte nämlich, das hellenische Geschlecht sei sich selbst befreundet, zu dem barbarischen verhalte es sich wie Ausländisches und Fremdes. ...
> Daß also Griechen mit Barbaren und Barbaren mit Griechen, wenn sie gegeneinander kämpfen, Krieg führen, wollen wir wohl sagen, und daß sie von Natur einander verfeindet sind. ...Wenn aber Griechen gegen Griechen etwas dergleichen tun, ist Hellas in diesem Zustand nur krank und unter sich zwieträchtig, da sie von Natur aus miteinander Freund sind, und man muß diese Feindschaft einen Zwist nennen. ...
> Also werden sie auch als Griechen nicht griechisches Land verwüsten noch Wohnungen verbrennen, noch auch jedesmal alle in der Stadt für feindselig halten, Männer, Weiber und Kinder, sondern immer nur wenige für Feinde, die eigentlichen Urheber des Zwists. Und aus allen diesen Ursachen nun werden sie weder ihr Land verwüsten wollen, da sie ja viele Freunde darunter haben, noch auch ihre Wohnungen zerstören; sondern nur so weit den Zwist treiben, bis die Schuldigen von den mitleidenden Unschuldigen genötigt werden, Genugtuung zu leisten.

Worterklärung:
Pláton: Griechischer Philosoph (427-347 v. Chr.), Schüler des Sokrates, unternahm mehrere Reisen nach Ägypten und Italien.
Hellénisch, Héllas: Griechisch, Griechenland

Aufgaben
a) Stellt in einer Liste die unterschiedlichen Verhaltensweisen in gewaltsamen Auseinandersetzungen dar (Griechen gegen Griechen — Griechen gegen Fremde)!
b) Gibt es ähnliche Einstellungen auch heute noch?

M 9.4 Völker der Alten Welt um 500 v. Chr.

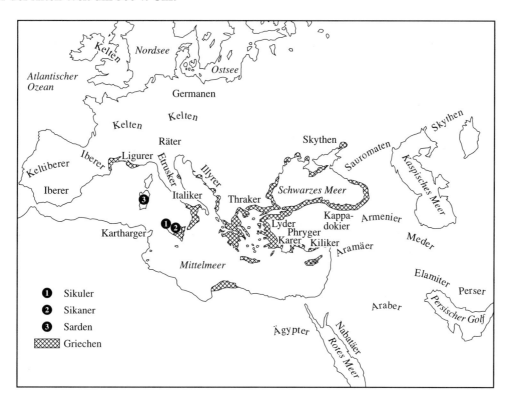

Aufgaben
a) Warum konnte Pláton sagen: »Die Griechen sitzen wie Frösche um einen Teich«?
b) Nimm einen Atlas zur Hilfe und ordne die in dieser Karte genannten Völker den heutigen Ländern zu!

MATERIALIEN

M 9.5 Griechische und persische Krieger
Griechischer Soldat (Mitte 5. Jh. v. Chr.) A; Persischer Krieger (Mitte 5. Jh. v. Chr.) B

A

B

Aufgaben
a) Vergleicht die Darstellung der beiden Krieger auf den griechischen Vasenbildern! Warum hat der Maler sie so unterschiedlich dargestellt?
b) Vergleicht die Aussage der Bilder mit Texten über das Verhältnis von Griechen und Persern!

MATERIALIEN

M 10.1 Über das Handwerk

Xénophon:

> Die Berufe, die man als einfaches Handwerk bezeichnet, sind verschrien und werden zu Recht in den Städten verachtet. Denn sie schwächen diejenigen, die arbeiten und sich darum kümmern, körperlich, indem sie sie zwingen, zu sitzen und sich drinnen im Schatten aufzuhalten, einige sogar, sich tagsüber am Feuer aufzuhalten. Wenn aber die Körper entkräftet sind, werden auch die Seelen viel schwächer. Diese handwerklichen Berufe lassen aber auch überhaupt keine Muße, sich um Freunde und die Stadt zu kümmern. Daher scheinen auch die, die sie ausüben, schlecht geeignet für freundschaftlichen Verkehr und dazu, Verteidiger der Heimat zu sein. Und in einigen Städten, namentlich in denen, die für gute Kriegsführung bekannt sind, ist es den Bürgern gar nicht erlaubt, ein sogenanntes einfaches Handwerk auszuüben.

Plutárch:

> Oft freuen wir uns eines Werkes und verachten den, der es geschaffen hat. So schätzen wir wohlriechende Salben und Purpurkleider, die Färber aber bleiben für uns gemeine und niedrige Banausen…Ein Werk mag uns durch seine Schönheit erfreuen. Das heißt aber nicht, daß sein Schöpfer notwendig unserer Achtung verdiene…Wer ein niedriges Handwerk betreibt, stellt sich selbst das Zeugnis aus, daß ihm das Gute und Schöne wenig bedeutet, denn er wendet seine Kraft an unnütze Dinge.

Milínna:

> Durch ihrer Hände Arbeit und Geschick zog Milinna die Schar ihrer Kinder auf. Dabei wagte sie vieles, verletzte aber nie das Recht. Nun weiht sie Dir, Göttin des Handwerks, dies hier zum Gedenken als Opfer von dem Lohn, den sie durch ihren Fleiß erwarb.

Worterklärung:
Xénophon: Griechischer Geschichtsschreiber (430-354 v. Chr.)
Plutárch: Griechischer Schriftsteller der römischen Kaiserzeit (46-120 n. Chr.)
Milínna: Eine Handwerkerin, deren Namen wir aus dieser Weihe-Inschrift kennen (4. Jh, v. Chr.)
Banausen: Handwerker

Aufgaben
a) Die ersten beiden Texte sind im Abstand von 500 Jahren entstanden. Warum sind sie einander so ähnlich?
b) Zu welcher Gesellschaftsschicht gehörten Menschen, die in dieser Weise über Handarbeit redeten?
c) Plutárch erkennt einen Widerspruch in seiner Bewertung der Handarbeit. Warum zieht er keine Konsequenzen?
d) Worauf ist Milínna stolz, und wofür ist sie dankbar?
e) Informiere dich im Lexikon, welche Bedeutung das Wort »Banause« in unserer Sprache hat, und erkläre, wie es dazu kommen konnte!

M 10.2 Die Arbeit der Sklaven

Die Arbeit in Tongruben und Bergwerken war wohl die schwerste körperliche Arbeit, die es im Altertum gab. Dort wurden überwiegend Sklaven eingesetzt. Für Griechenland waren die Silberbergwerke von Laureion von großer Bedeutung. Der Geschichtsschreiber Diodórus Siculus aus Sizilien (1. Jh. v. Chr.) berichtete:

> Könige verurteilten alle Verbrecher und Kriegsgefangene zur Arbeit in den Bergwerken. Sie arbeiteten unaufhörlich — eine große Menge, alle in Ketten geschlagen — Tag und Nacht, ohne Pause, und ohne jede Möglichkeit des Entkommens.
> Die Arbeiten erfolgen unter Aufsicht eines Facharbeiters, der den goldhaltigen Stein aussucht und ihn den Arbeitern zeigt. Die körperlich Starken brechen den Stein mit eisernen Hämmern, wozu sie keinerlei Kenntnisse, sondern nur Kraft anwenden müssen, und schlagen Gänge durch den Felsen, wo immer das Gold sie hinführen mag.
> Diese Leute nun, die in der Dunkelheit arbeiten müssen, tragen Lampen auf der Stirn. Die Steinblöcke, die sie brechen, werfen sie auf den Boden, und sie arbeiten ununterbrochen unter den strengen Augen und den Schlägen der Aufseher. Die Knaben gehen durch die Schächte in die Stollen, die durch das Aushauen des Felsens geschlagen werden, und tragen die Brocken heraus. Die Männer über 30 Jahre nehmen die Steine von ihnen und zerstampfen sie mit Eisenstößeln. Dann zermalmen sie die Frauen und die älteren Männer und zerreiben sie in Mühlen, bis sie so fein wie Mehl sind.
> Und da sie nie Gelegenheit haben, sich um sich selbst zu kümmern, und da sie keine Kleider haben, um ihre Blöße zu bedecken, kann niemand diese unglückseligen Menschen anschauen, ohne Mitleid zu empfinden. Sie arbeiten ohne Pause, bis sie auf Grund der schlechten Behandlung mitten in ihren Leiden sterben.

Worterklärung:
Lauréion: Ort in Attika, an dem sich Silberbergwerke befanden

Aufgaben
a) Zeige an diesem Text die Folgen der im Altertum herrschenden Auffassung, daß Sklaven rechtlich als »Sachen« galten!
b) Vergleiche mit der Lage der Handwerker!

MATERIALIEN

M 10.3 Körperliche Arbeit im Bild

A

B

C

D

E

F

Aufgaben
a) Diese Vasenbilder stammen aus dem 6. Jahrhundert v. Chr. Sucht zu jedem eine Überschrift und schreibt darunter, welche Einzelheiten ihr erkennen könnt!
b) Warum handelt es sich bei dem vierten Bild um »typische« Frauenarbeit?
c) Vergleicht die beiden ersten Bilder mit den Behauptungen des Textes M 10.1 über den Gesundheitszustand der Handwerker! Wie läßt sich der Widerspruch erklären?
d) Viele Museen in Deutschland besitzen griechische Vasen. Schaut sie euch an!

MATERIALIEN

M 11.1 Athen und die Bundeskasse
Viele der griechischen Staaten hatten sich im 5. Jahrhundert v. Chr. zu einem Bündnis, dem delisch-attischen Seebund, zusammengeschlossen. In ihm hatte Athen die führende Position inne. Die Bündnispartner zahlten Geld in eine gemeinsame Bundeskasse, und Athen rüstete dafür die Flotte aus. Da nach 449 kaum Geld für Kriege ausgegeben werden mußte, benutzte Perikles den seit 454 in Athen liegenden Schatz für die Errichtung großer Bauwerke. Plutárch berichtet darüber:

> Was aber Athen am meisten zum Schmuck und zur Zierde gereichte, waren seine prachtvollen Tempel und öffentlichen Bauten. Und doch stieß keine von Périkles' Staatshandlungen auf soviel Kritik wie seine Bautätigkeit, deshalb mußte er in der Volksversammlung die schärfsten Vorwürfe seiner Gegner über sich ergehen lassen. »Schimpf und Schande«, schrien sie, »ist über das Volk gekommen, da es die Bundesgelder, das Gemeingut aller Griechen, aus Delos nach Athen geholt hat. Und die beste Entschuldigung gegenüber den Bundesgenossen, daß es nämlich den Schatz aus Angst vor den Barbaren dort weggeholt und in sichern Gewahrsam gebracht habe, diese hat ihm Perikles jetzt genommen. Griechenland muß sehen, wie wir mit den Geldern, die es notgedrungen für den Krieg zusammengesteuert hat, unsere Stadt vergolden und herausputzen und sie mit kostbaren Steinen, mit Bildern und Tempeln von tausend Talenten behängen wie ein eitles Weib.«
> Périkles machte demgegenüber dem Volke klar, daß Athen den Bundesgenossen für seine Gelder keine Rechenschaft schuldig sei, da es den Krieg für sie führe und sie vor den Persern schütze.

Worterklärung:
Delisch: Von der Insel Délos
Attisch: Athenisch (Halbinsel Attika)
Plutárch: Griechischer Schriftsteller der römischen Kaiserzeit
Périkles: 443-429 führender Staatsmann Athens, Jahr für Jahr wiedergewählt (46-120 n. Chr.)
Talént: 26 kg Gold
Kostbare Steine: Marmor
Bilder: Götterstatuen

Aufgaben
a) Schreibt den Text in ein kleines Rollenspiel um: »Périkles« gegen die anderen!
b) Warum müssen die vielen tausend Touristen, die jährlich Athen besuchen, und auch die heutigen Athener Périkles dankbar sein?
c) Plutárch schrieb mehr als 500 Jahre nach Périkles. Wie konnte er wissen, was dieser gesagt hatte?

M 11.2 So bauten die Athener (Folie)
Zum Heben von Lasten benutzten die Griechen Flaschenzüge (A), die ein Gewicht von etwa sechs Tonnen heben konnten. Auch für den Transport der großen Steinblöcke, die man zum Bauen benötigte, gab es besondere Techniken (B). Abbildung C zeigt das Erechthéion, den Tempel der Göttin Athéne auf der Akrópolis (dem Burgberg) von Athen, in seinem heutigen Zustand.

Aufgaben
a) Erläutere die beiden Zeichnungen!
b) Für welche Art von Bauten wurden derartige Anstrengungen unternommen?
c) Zu welchen sozialen Gruppen der Bevölkerung gehörten die Arbeiter?
d) Versuche, den Weg eines Marmorblocks vom Ursprung bis zur Verwendung zu beschreiben!
e) Wie werden heute ähnliche Arbeiten erledigt?

MATERIALIEN

M 11.3 Der Staat Athen
Im ersten Jahr des Peloponnésischen Krieges (431-404 v. Chr.), in dem Sparta und Athen miteinander kämpften, starben viele athenische Soldaten. Ihnen zu Ehren hielt Périkles eine Gedenkrede, die uns sein Zeitgenosse Thukydides überliefert hat. In ihr sagte Périkles:

> Unsere Verfassung ist nicht den Gesetzen anderer Staaten nachgebildet. Wir geben sogar eher ein Beispiel für andere. Entscheidungen liegen nicht bei einigen wenigen, sondern bei der Gesamtheit des Volkes. Deshalb nennen wir diese Verfassung »Demokratie«: Jeder hat vor dem Gesetz die gleichen Rechte. Ein jeder kann aufgrund seiner eigenen Tüchtigkeit ein Amt erwerben, völlig unabhängig von dem Stand, dem er angehört. Wer arm ist, soll nicht daran gehindert sein, ein Amt zu übernehmen und etwas für den Staat zu leisten...
> Kampfspiele, religiöse Feste, schön eingerichtete Wohnhäuser und Güter aus aller Welt machen das Leben in unserer Stadt angenehm...
> Wir gewähren jedem Fremden Zutritt zu unserer Stadt, selbst auf die Gefahr hin, daß ein Feind Nutzen daraus ziehen könnte. Wir vertrauen nicht so sehr auf Vorkehrungen und Täuschungen als auf den in uns lebenden Mut und Glauben an unsere Taten. Deshalb brauchen wir auch nicht wie die Spartaner Kinder zu Soldaten zu drillen...
> Nur wir halten denjenigen, der keinen Anteil an der Politik nimmt, nicht für einen ruheliebenden Bürger, sondern für einen Nichtsnutz. Mit einem Wort: Athen ist die hohe Schule Griechenlands. Daß das keine prunkvolle Redensart für Feierstunden ist, sondern der Wahrheit entspricht, beweist die Macht dieser Stadt.

Worterklärungen:
Thukydides: Griechischer Geschichtsschreiber (455-399/96)
Périkles: Führender Staatsmann Athens, von 443 bis zu seinem Tode 429 jährlich wiedergewählt

Aufgaben
a) Man kann mit einem Wort die Stellung der Bürger Athens in ihrem Staat bezeichnen. Es steht im Text; wie heißt es?
b) Die Bürger Athens bildeten nur einen kleinen Teil der Einwohnerschaft. Wer gehörte nicht dazu?
c) Arme Bürger, Bauern und Handwerker erhielten für die Teilnahme an der Volksversammlung und für die Übernahme politischer Ämter Geld. Du kannst das leicht erklären.
d) Inwiefern wurde durch die Teilnahme aller Bürger an den staatlichen Angelegenheiten die Verachtung der Vornehmen für die Handarbeit wenigstens teilweise überwunden?
e) In welchen Punkten seiner Rede entwirft Périkles, indem er Athen schildert, ein Gegenbild zum Kriegsfeind Sparta?
f) Warum nimmt Perikles die Gedenkrede für die Gefallenen zum Anlaß, die Vorzüge Athens herauszustellen?

M 11.4 Athen als Handelszentrum
In einem Theaterstück des Hermíppos zählt ein Kaufmann auf, welche Waren nach Athen eingeführt werden:

> Aus Kyréne Rindsleder und Siliphónstengel;
> vom Hellespont Makrelen und Salzfische aller Sorten;
> Rippenstücke vom Rind aus Thessálien, ebenso Graupen; ...
> Syrakús liefert Schweine und Parmesankäse. ...
> Ägypten schickt Tauwerk und Segel, aber auch Bücher.
> Den Weihrauch beziehen wir aus Syrien, und aus Kreta Zypressenholz für die Götter.
> Libyen verkauft uns, was wir an Elfenbein brauchen;
> Rhódos Rosinen und Feigen. ...
> Eubóia liefert Birnen und nahrhafte Äpfel;
> Phrygien Sklaven in Menge, Arkadien Söldner im Kriege...
> Nahrhafte Mandeln, so reich an Ölen, die Zierde des Mahles,
> führt Paphlagonien aus ...;
> Zypern dagegen Früchte, Dattelpalmen und feinstes Weißmehl;
> Teppiche endlich Karthágo und bunte Kissen.

Worterklärungen:
Hermíppos: Athenischer Dichter zur Zeit des Périkles, 5. Jh. v. Chr.
Siliphón: Pflanze, deren Saft als Arznei und zum Würzen der Speisen gebraucht wurde

MATERIALIEN

M 11.5 Athenische Handelsbeziehungen

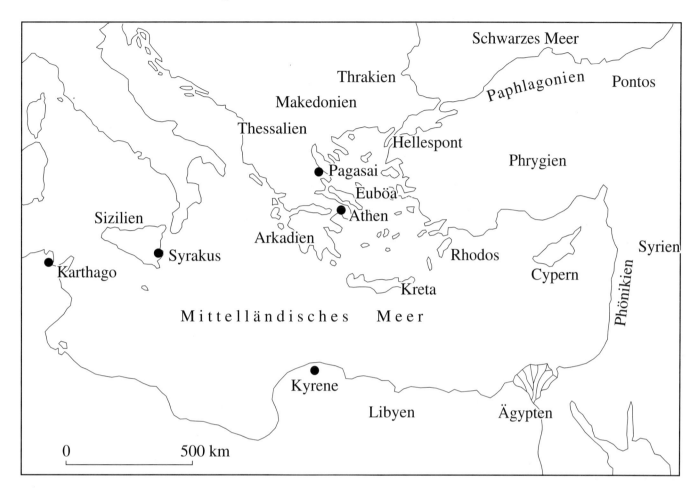

Aufgaben
a) Suche in der Kartenskizze die genannten Städte und Länder und ziehe jeweils von dort eine Linie nach Athen!
b) Welches waren für diese Einfuhren die wichtigsten Transportmittel?
c) Was konnte Athen ausführen? (Denke an die Produkte von Handwerkern und Künstler!)
d) Welche der genannten Güter verwenden wir für unser tägliches Leben auch heute noch? Wo beschaffen wir uns diese Güter? Können alle Menschen darüber verfügen?
e) Mit welchen der genannten Güter wird heute nicht mehr gehandelt und warum nicht?

MATERIALIEN

M 11.6 Die Stellung der Frauen in Athen
Der Athener Isómachos belehrt seine junge Frau über ihre zukünftigen Aufgaben:

> Meine liebe Frau, es scheint mir, daß die Götter dieses Gespann, das man das Weibliche und das Männliche nennt, in bester Voraussicht zusammengefügt haben, damit sie in Gemeinschaft einander nützlich sind. Zuerst einmal heiratet das Paar, um miteinander Kinder zu zeugen, damit das menschliche Geschlecht nicht ausstirbt. Dann wird durch diese Vereinigung erreicht, daß sie im Alter eine Stütze für sich selbst besitzen. Weiterhin ist es den Menschen nicht wie bei den Tieren üblich, im Freien zu leben, sondern sie benötigen offensichtlich Obdach. Wenn die Menschen Vorräte unter dem Dach anlegen wollen, brauchen sie allerdings jemanden, der die Arbeit unter freiem Himmel verrichtet. Denn Pflügen, Säen, Pflanzen und auch das Weiden sind Beschäftigungen im Freien. Aus diesen wird der Lebensunterhalt gewonnen. Sobald das nun unter Dach ist, ist wiederum jemand erforderlich, der es verwahrt und der solche Arbeiten verrichtet, die innerhalb des Hauses anfallen. Der Schutz des Daches ist notwendig bei der Versorgung der neugeborenen Kinder; unter einem Dach muß die Aufbereitung der Feldfrüchte stattfinden, ebenso die Herstellung der Kleidung aus Wolle. Da nun jede der beiden Tätigkeiten, diejenigen innerhalb als auch diejenigen im Freien der Ausführung und der Aufsicht bedürfen, hat Gott ... von vorneherein die körperliche Beschaffenheit entsprechend ausgestattet, und zwar, wie mir scheint, die der Frau für die Arbeiten und Besorgungen im Innern, die des Mannes hingegen für die Tätigkeiten und Beaufsichtigungen außerhalb.

Aufgaben
a) Stellt in einer Liste mit zwei Spalten die Aufgaben von Männern und Frauen einander gegenüber!
b) Wie begründet Isómachos die Arbeitsteilung zwischen Mann und Frau?
c) Was meint ihr dazu?
d) Warum besaßen die Frauen in Athen keine Bürgerrechte? Gibt es in der Gegenwart ähnliches?

M 11.7 Aufgaben von Frauen

A

B

C

D
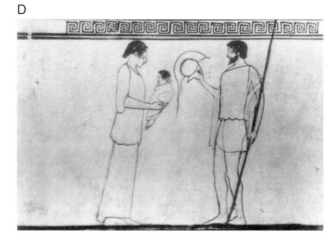

Aufgaben
a) Beschreibt die Einzelheiten, die zu erkennen sind, und sucht Unterschriften zu den Bildern!
b) Vergleicht die bildlichen Darstellungen mit den Auffassungen des Isómachos!

MATERIALIEN

M 12.1 Das Reich Alexanders des Großen

Zur Zeit des Périkles war Athen sehr mächtig; es hatte eine Vormachtstellung in Griechenland. Sehr angespannt war inzwischen das Verhältnis zu Sparta, dem zweiten mächtigen Staat in Griechenland. 431 v. Chr. brach ein erbitterter Krieg zwischen Athen und Sparta aus, der 404 v. Chr. mit einer Niederlage Athens endete. Immer wieder kam es auch danach zu Auseinandersetzungen zwischen den griechischen Staaten, bis das nordwestgriechische Makedonien, dessen Bevölkerung von den Griechen als teilweise »barbarisch« angesehen wurde, zu einer neuen Macht in ganz Griechenland wurde. Dessen König Alexander, später genannt »der Große«, der mit 20 Jahren die Nachfolge seines Vaters Philipp angetreten hatte, plante die Eroberung des persischen Großreiches. In den Jahren 334—331 v. Chr. gelang es ihm, den persischen König Daréios III. zu besiegen. Danach zogen Alexanders Truppen weiter nach Mittelasien und über den Indus. Dann zwang das Heer den König zur Umkehr. 323 starb Alexander mit 32 Jahren, und das Reich zerfiel in zahlreiche kleinere Staaten.

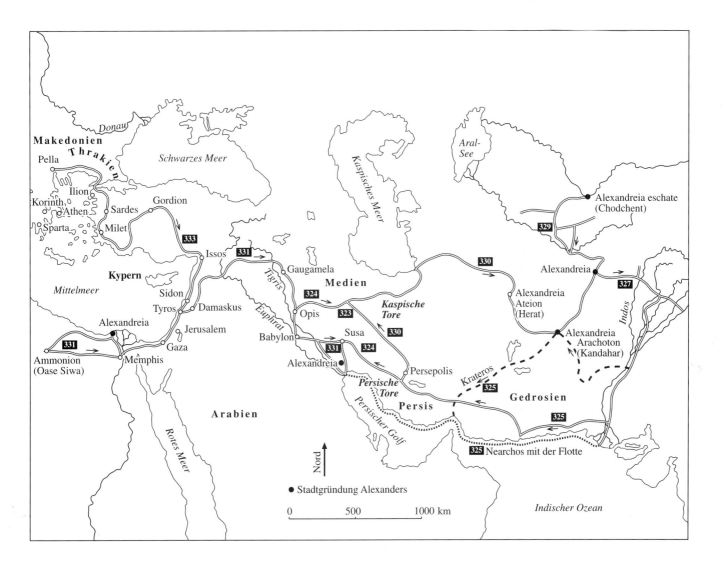

Aufgaben

a) Alexander wollte bis an die Grenzen der Erde vordringen, die von den Griechen jenseits des Indus vermutet wurden. Warum verweigerte ihm das Heer den Gehorsam?
b) Wozu sollten die vielen — rund 70 — Städtegründungen dienen?
c) Wieviele Städte in der Karte tragen den Namen Alexanders? Versuche, den Grund dafür zu finden!
d) Schreibe mit Hilfe eines Atlas die Länder, die heute im ehemaligen Alexanderreich liegen, auf!

MATERIALIEN

M 12.2 Ein Briefwechsel
Nach seiner Niederlage im Jahr 333 v. Chr. bat Daréios Alexander um Frieden, wie Arrián berichtet:

> Seit ich König der Perser bin, hast Du keinen Gesandten zu mir geschickt, um die Freundschaft zu befestigen. Stattdessen bist Du mit einem Heer nach Asien vorgedrungen und hast den Persern viel Böses zugefügt. Daher bin ich selbst in die Schlacht gezogen, um mein Heimatland zu verteidigen und das väterliche Erbe zu behaupten. Irgendein Gott oder das Schicksal hat entschieden, daß die Schlacht so ausgegangen ist. Doch da Du ein König bist wie ich, so fordere ich meine Mutter und Frau und unsere Kinder, die als Gefangene bei Dir weilen, und ich will Freundschaft mit Dir schließen und Dein Bundesgenosse sein.

Aus dem Anwortschreiben Alexanders:

> Eure Vorfahren sind nach Makedonien und dem übrigen Griechenland vorgedrungen und haben Böses getan, ohne daß wir sie vorher gekränkt hätten. ... Außerdem hast Du Schreiben an die Griechen gerichtet, um sie zum Krieg gegen mich aufzustacheln. Und Deine Gesandten haben meine Freunde bestochen und haben den Frieden zu stören gesucht, den ich den Griechen gegeben habe. Du hast mit der Feindschaft angefangen, und da bin ich gegen Dich zu Felde gezogen. Da ich im Kampf zuerst Deine Feldherrn und Statthalter, jetzt auch dich selbst besiegt habe, ist mir mit Hilfe der Götter auch Dein Land zugefallen. ... Da ich nun Herr von ganz Asien bin, so steht es an Dir, zu mir zu kommen. Solltest Du kommen, so fordere Deine Familienangehörigen und was Du sonst noch wünschest von mir, und Du kannst es erhalten. Wenn Du aber wieder an mich schreibst, dann hast Du mich als König von Asien anzureden. ... Solltest Du mir aber noch die Königsherrschaft streitig machen, dann stell' Dich zum Kampf und flieh' nicht weiter. Denn ich werde als Sieger gegen Dich marschieren, wo Du dich auch aufhalten magst.

Worterklärung:
Arrián: Schrieb eine Geschichte der Feldzüge Alexanders (95-175 n. Chr.)

Aufgaben
a) Was bedeutet der Titel »König von Asien«, mit dem Alexander angeredet sein will?
b) Welchen Platz beansprucht Daréios, und welchen will Alexander ihm nur zugestehen?

M 12.3 Die Alexanderschlacht (Mosaik aus Pompéji, heute im Nationalmuseum zu Neápel)

Aufgaben
a) Wie hat der Künstler Alexander, wie Daréios dargestellt?
b) Das Mosaik — ein Bild aus bunten Steinchen — ist im 1. Jahrhundert n. Chr. in Pompéji bei Neápel entstanden, mehr als 350 Jahre nach dem Tod Alexanders. Was sagt es über die römische Einschätzung des Königs?

MATERIALIEN

M 12.4 Griechen heiraten Perserinnen
Arrián:

> Alexander veranstaltete große Hochzeitsfeiern für sich und seine Getreuen. Er selbst heiratete Barsine, die älteste Tochter des Dareios. ... Dem Hephaistion gab er Drypetis zur Frau, die ebenfalls eine Tochter des Dareios war, eine Schwester seiner eigenen Gattin. ... Und ebenso gab er auch seinen anderen Getreuen — etwa 80 — die Töchter der angesehensten Perser und Meder. Die Hochzeiten wurden nach persischem Brauch gefeiert ... Allen diesen Frauen hatte Alexander eine Mitgift gegeben. Auch die Namen der anderen Makedonen, die asiatische Frauen geheiratet hatten, ließ er aufschreiben — es waren über 10.000 —, und auch sie erhielten von ihm Hochzeitsgeschenke. ... Die medische Tracht Alexanders aber war kein geringer Gram für die Makedonen, und ebenso waren es die Ehen, die nach persischer Art geschlossen waren.

Worterklärung:
Arrián: Schrieb eine Geschichte der Feldzüge Alexanders (95-175 n. Chr.)
Méder: Führendes Volk im persischen Reich

M 12.5 Gut und schlecht = Griechen und Barbaren?
Strábon über Eratósthenes:

> Am Ende seines Werkes hat Eratosthenes kein Wort der Billigung für jene, die die ganze Menschheit in zwei Teile, Hellenen und Barbaren, teilen, noch auch für jene anderen, die Alexander rieten, die Griechen als Freunde zu behandeln und die Barbaren als Feinde. Es sei besser, so sagte er, die Trennung nach Tüchtigkeit und Schlechtigkeit zu vollziehen; es gibt nämlich auch unter den Griechen viele Schlechte und unter den Barbaren sehr anständige Leute, wie etwa die Inder und die Per-

Worterklärung:
Strábon: Griechischer Geograph (etwa 63 v. Chr.-20 n. Chr.)
Eratósthenes: Griechischer Wissenschaftler (3. Jh. v. Chr.)

Aufgaben
a) Was mag Alexander dazu bewogen haben, persische Frauen mit makedonischen Männern zu verheiraten und die Hochzeiten nach persischem Brauch feiern zu lassen?
b) Was erbitterte die Makedonen daran?
c) Kannst du einen Zusammenhang zwischen Alexanders Maßnahmen und der Auffassung des Eratósthenes erkennen?
d) Vergleiche diese Auffassung mit derjenigen der Griechen des 5. Jahrhunderts v. Chr.!

M 12.6 Alexandria — eine Weltstadt
Strábon:

> Die Grundfläche der Stadt erinnert in ihrer Form an einen Mantel, dessen Längsseiten vom Meere umspült werden. Sie wird von Straßen durchschnitten, die Platz für Reiter und Wagen bieten. Die öffentlichen Bezirke und der Bezirk der Königspaläste machen ein Viertel oder gar ein Drittel des Stadtumfangs aus. Alle sind miteinander und mit dem Hafen verbunden. Zum Palastviertel gehört auch das Museion, mit einer Wandelhalle, einer mit Sitzen versehenen Halle und einem großen Gebäude, in dem sich auch der Speiseraum der zum Museion gehörenden Gelehrten befindet.
> Am großen Hafen, zur Rechten der Einfahrt, liegt die Insel Pharos mit ihrem Turme. Hinter ihr erhebt sich das Theater. Die Stadt ist voll von Weihegeschenken und Heiligtümern; das schönste aber ist das Gymnasion, mit Säulenhallen, länger als ein Stadion.
> Der Wohlstand der Stadt aber ist vor allem darin begründet, daß von ganz Ägypten allein dieser Platz zu beidem geschaffen ist: zum Seehandel wegen der guten Hafenverhältnisse und zum Binnenhandel. Denn der Strom ist wie ein bequemer Fährmann, der alles transportiert und an einem Platze zusammenführt, der der größte Handelsplatz der Welt ist.

Worterklärung:
Strábon: Griechischer Geograph (etwa 63 v. Chr.-20 n. Chr.)
Muséion: Hochschule, vergleichbar mit einer heutigen Universität
Gymnásion: Sporthalle
Stádion: Griechisches Längenmaß (125 Schritte)

MATERIALIEN

M 12.7 Plan des antiken Alexandria

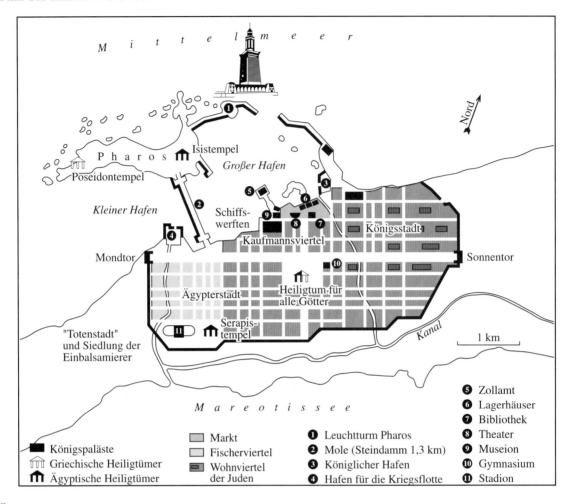

Aufgaben
a) Welche natürlichen Bedingungen ließen Alexandria so bedeutend werden? (Beachte auch seine Lage im Mittelmeerraum!)
b) Welche weiteren Einrichtungen sind auf der Folie dargestellt?
c) Vergleiche Alexandria mit einer heutigen Großstadt!
d) Der Turm auf der Insel Pháros war ein Leuchtturm, der im Altertum als eines der »Sieben Weltwunder« galt. Wozu diente er, und warum heißt noch heute im Italienischen und Spanischen ein Leuchtturm »faro«?

M 12.8 Griechisch in unserer Sprache
Viele Wörter, die wir heute verwenden, stammen aus dem Griechischen. Nachfolgend sind zehn griechische Wörter und ihre deutschen Übersetzungen aufgezählt, jedoch jeweils in alphabetischer Reihenfolge. Deshalb müssen die Übersetzungen noch inhaltlich zugeordnet werden. Außerdem unterscheiden sich die wörtlichen Übersetzungen und unsere heutige Verwendung der griechischen Wörter voneinander. Deshalb soll diese in eine dritte Spalte eingetragen werden.

Griechisches Wort	Deutsche Übersetzungen
Angelos	Aufzählung, Liste
Ankyra	bettlägrig
Apothéke	Biegung
Bíblia	Decke, Teppich
Idiótos	einfacher Mensch, einzelner Bürger
Katálogos	Grube, Bergwerk
Klínikos	Bibel
Metállon	Schauplatz
Organon	Speicher, Ablage
Tápes	Verkünder, Bote
Theátron	Werkzeug

Aufgaben
Ordne nun zu:

Griechisches Wort	Übersetzung	Heutige Bedeutung
Biblia	Schriften	Bibel, Heilige Schrift
……	……	……

G Quellennachweis

M 1.1	Die griechischen Götter und ihre Aufgaben (Quelle: Ailos Aristeides, Romrede 105. Übersetzung aus griechischem Original: *Wieber-Scariot*)
M 1.2	Die griechischen Götter im Bild (Quelle: Menschen in ihrer Zeit, Bd. 2: Altertum. Ernst Klett Schulbuchverlag, Stuttgart 1971, S. 33)
M 1.3	Götterstreit auf dem Olymp (Quelle: Text von der Autorin)
M 1.4	Asklepios; Herakles (Quelle: © Verlag B. G. Teubner GmbH, Stuttgart, in: *W. H. Roschers*, Ausführliches Lexikon der griechischen und römischen Mythologie, Georg Olms Verlag, Leipzig 1884-1937 = Hildesheim 1965, Bd. I, 1 Spalte 634 und Bd. I, 2 Spalte 2179
M 1.5	Eine Opferprozession (Quelle: *Ludwig Drees*, Olympia. Götter, Künstler und Athleten. W. Kohlhammer Verlag, Stuttgart 1967, S. 91 f.)
M 1.6	Eine Opferprozession — Folie (Quelle: Das Alte Griechenland. Gerstenberg Verlag, Hildesheim 1993, S. 25)
M 1.7	Griechische Tempel (Quelle: Photographien der Autorin)
M 1.8	Antike Theatermasken (Quelle: © Ginuti Publishing Group, Firenze/Italien, in: Athen und seine große Zeit. Leben und Kultur im klassischen Athen. Arena-Verlag Georg Popp, Würzburg 1966, S. 184 und S. 176)
M 1.9	Das griechische Theater (Quelle: Text von der Autorin)
M 1.10	Griechische Theater (Quellen: A und B: Photographien der Autorin; C: © Wolfgang Wurster, Kommission für Allgemeine und Vergleichende Archäologie des Deutschen Archäologischen Instituts, in: Antike Welt, Heft 1, 24. Jahrgang 1993, S. 37 — Verlag Philipp von Zabern, Mainz)
M 2.1	Die Olympischen Spiele als Zeitung. Verschiedene Sportarten (Quelle: *Ludwig Drees*, Olympia. Götter, Künstler und Athleten. W. Kohlhammer Verlag, Stuttgart 1967, S. 84) Diskuswerfer, Springer, Speerwerfer (Quelle: Propylaia. Griechisches Unterrichtswerk. Ernst Klett Schulbuchverlag, Stuttgart 1972, S. 29) Wagenrennen (Quelle: *Johannes Irmscher* (Hg.), Lexikon der Antike. VEB Bibliographisches Institut, 10. Aufl., Leipzig 1990, S. 627) Frauenwettlauf (Quelle: *Ghali-Kahil*, 1977, in: *Edith Specht*, Schön zu sein und gut zu sein. Mädchenbildung und Frauensozialisation im antiken Griechenland. Wiener Frauenverlag, Wien 1989, S. 108) Ringkampf (Quelle: Propylaia. Griechisches Unterrichtswerk. Ernst Klett Schulbuchverlag, Stuttgart 1972, S. 30) Antike Sportler in Aktion (Quelle: Autenrieths Schulwörterbuch zu den homerischen Gedichten. 12. Aufl., bes. von *Adolf Kaegi* mit Karten von *Hugo Blümner*. Verlag B. G. Teubner GmbH, Leipzig/Berlin 1915, Tafel XVI, 3) Zeusstatue (Quelle: Routledge, Chapman & Hall Ltd., Cheriton House, North Way, Andover, Hampshire, UK, in: *Peter Clayton/Martin Price* (Hg.), Die sieben Weltwunder. Philipp Reclam jun. Verlag GmbH, Stuttgart 1990 = London 1988, Abb. 29, S. 89)
M 2.2	Eine berühmte »Sportlerin« (Quelle: *Ludwig Drees*, Olympia. Götter, Künstler und Athleten. W. Kohlhammer Verlag, Stuttgart 1967, S. 47)
M 2.3	Die Olympischen Spiele im Vergleich (Quelle: Entwurf der Autorin)
M 3.1	Antike Schulszene (Quelle: *Horst Blanck*, Einführung in das Privatleben der Griechen und Römer. (Die Altertumswissenschaft.) Wissenschaftliche Buchgesellschaft, Darmstadt 1976, Abb. 18, S. 91)
M 3.2	Ein Theaterstück (Quelle: Text von der Autorin)
M 3.3	Mädchen beim Würfelspiel; Knöchelchen-Spielsteine (Quellen: © Giunti Gruppo Editoriale S.p.A., in: *Alfonso de Franciscis*, Das Archäologische Nationalmuseum in Neapel. Kunstverlag Interdipress, Neapel o.J., S. 57; Athen und seine große Zeit. Arena Verlag Georg Popp, Würzburg 1966, S. 105; Photo aus: Zeitmagazin Nr. 51 vom 16.12.1994, S. 22 (Photograph: Sebastiaõ Solgodo) — Kommanditgesellschaft Zeitverlag & Bucerius, Hamburg)
M 3.4	Jungen spielen Schule (Quelle: *Mark Golden*, Children and Childhood in Classical Athens. The Johns Hopkins University Press, London 1990, Abb. 9, S. 56)
M 3.5	Griechisch-lateinischer Schulbuchtext (Quelle: Colloquia Monacensia, C GL III. Übersetzung von der Verfasserin)
M 3.6	Ein Schulmädchen und ihre Sklavin (Quelle: *Mark Golden*, Children and Childhood in Classical Athens. The Johns Hopkins University Press, London 1990, Abb. 11, S. 73)
M 3.7	Das griechische Alphabet (Quelle: Entwurf der Autorin)
M 4.1	Der Palast von Knossos (Quellen: A und C: *Hans-Günther Buchholz/Vasso Karageorghis*, Altägäis und Altkypros. Verlag Ernst Wasmuth, Tübingen 1971, S. 21; B und E: Photographien der Autorin; D: © Archäologisches Nationalmuseum Athen, in: *Anna Michailidou*, Knossos. Ein Führer durch den Palast des Minos. Ekdotike Athenon S. A., Athen 1987, S. 81)
M 4.2	Wohnen im alten Kreta (Quelle: © Hachette, 1973, in (Übersetzung ins Deutsche): *Paul Faure*, Kreta. Das Leben im Reich des Minos. Philipp Reclam jun. Verlag GmbH, Stuttgart 1976, S. 219 f.)
M 4.3	Gournia: Hauptstraße und Steinmörser (Quellen: Photographien der Autorin)
M 4.4	Ausfahrt einer Flotte (Quelle: © Archäologisches Nationalmuseum Athen, in: *Christos Doumas*, Santorin. Die Insel und ihre archäologischen Schätze. Ektodike Athenon S. A., Athen 1984, S. 52/53)
M 4.5	Schiffahrt und Handel (Quelle: © Hachette, 1973, in (Übersetzung ins Deutsche): *Paul Faure*, Kreta. Das Leben im Reich des Minos. Philipp Reclam jun. Verlag GmbH, Stuttgart 1976, S. 296 und S. 298)
M 4.6	Einfuhren und Ausfuhren der Minoer (Quelle: Entwurf von *Klaus Lampe*)
M 4.7	Mykene (Quellen: A und B: Photographien der Verfasserin; C: © Archäologisches Nationalmuseum Athen, in: *S. E. Iakoridis*, Mykene-Epidauros. Argos-Tiryns-Nauplia. Ekdotike Athenon S. A., Athen 1985, S. 28/29)
M 4.8	Kriegervase (Quelle: © Archäologisches Nationalmuseum Athen, in: *S. E. Iakovidis*, Mykene-Epidauros. Argos-Tiryns-Nauplia. Ekdotike Athenon, Athen 1985, S. 57)
M 4.9	Der Palast in Pylos (Quelle: A, B und C: © Archäologisches Nationalmuseum Athen, in: *E. Karpodini-Dimitriadi*, Der Peloponnes. Ekdotike Athenon S. A., Athen 1987, S. 165, S. 164 und S. 166)
M 4.10	Tontäfelchen mit Linear-A-Schrift sowie das Dreifuß-Linear-B-Täfelchen aus Pylos (Quellen: A: *Peter Levi*, Griechenland. Christian Verlag, München 1980, S. 31; B: *Hans-Günther Buchholz/Vasso Karageorghis*, Altägäis und Altkypros. Verlag Ernst Wasmuth, Tübingen 1971, S. 120 (unter Übertragung der engl. Übersetzung ins Deutsche) — *Konstantinos P. Kontorlis*, Mycenaean Civilization. Mycenae. Tiryns. Asine. Midea. Pylos. 2nd ed. by *Litsa Kontorli-Papadopoulou*, Athen 1985, S. 37)
M 4.11	Die letzten Tage von Pylos (Quelle: Text von der Autorin)
M 5.1	Aus der Weltgeschichte für Kinder (Quelle: Berliner Gesellschaft für Anthropologie, Ethnologie und Urgeschichte (Hg.), Troja. *Heinrich Schliemanns* Ausgrabungen und Funde. Berlin 1981, S. 71 ff.)
M 5.2	Paris entführt Helena (Quelle: © Verlag B. G. Teubner GmbH, in: *W. H. Roschers* Ausführliches Lexikon der griechischen und römischen Mythologie. Georg Olms Verlag, Hildesheim 1965, Bd. III, 1 Spalte 1636)
M 5.3	Hektor und Penelope (Quellen: © Verlag B. G. Teubner GmbH, in: *W. H. Roschers* Ausführliches Lexikon der griechischen und römischen Mythologie. Georg Olms Verlag, Hildesheim 1965, Bd. I, 2 Spalte 1921 bzw. Bd. III, 2 Spalte 1912)
M 5.4	Der Anfang der Odyssee (Quelle: Aus: Homer, Ilias. Odyssee, übersetzt von *Johann Heinrich Voß*. Deutscher Taschenbuch Verlag, München)

G Quellennachweis

M 5.5	Ein Sänger mit Kithara (Quelle: Autenrieths Schulwörterbuch zu den homerischen Gedichten. Verlag B. G. Teubner GmbH, Leipzig/Berlin 1915, Tafel XVII, 2)
M 5.6	Aus der Götterlehre des Berliner Professors K. Ph. Moritz, 1791 (Quelle: *Karl Philipp Moritz*, Götterlehre oder Mythologische Dichtungen der Alten. Mit Abbildungen nach antiken Vorlagen. Berlin 1791 = Frankfurt a. M. 1979, Insel Verlag, S. 276-279 o. (Kap. Troja, S. 270-279)
M 5.7	Brief einer griechischen Mutter an ihren Sohn (Quelle: Papyrus Oxyrhynchos 930. Übersetzung der Autorin)
M 5.8	Antike Bildtafel zur Ilias (Quelle: *Robert Alt*, Bilderatlas zur Schul- und Erziehungsgeschichte, Bd. I. Berlin (Ost) 1966, Volk und Wissen Volkseigener Verlag, S. 68)
M 5.9	Die Odyssee vor hundert Jahren und heute (Quellen: Titelseite: Verlag G. Freytag, Leipzig 1905; T-Shirt: Photographie der Autorin)
M 5.10	Stoffe für Krieg und Frieden — Gaben in homerischer Zeit Gastmahl (Quelle: Rückspiegel, Bd. 1. Verlag Ferdinand Schöningh, Paderborn 1994, S. 96) Gastgeschenk (Quelle: © »Picture Press« Bild- und Textagentur GmbH, Hamburg, in: Brigitte, 16. Gruner u. Jahr AG & Co., Hamburg 1992, S. 81/82)
M 6.1	Griechische Haartrachten (Quellen: 1 bis 5 und 7 bis 9: *Johannes Irmscher* (Hg.): Lexikon der Antike. VEB Bibliographisches Institut, Leipzig 1972, S. 216; 6 und 10: *Horst Blanck*, Einführung in das Privatleben der Griechen und Römer. (Die Altertumswissenschaft.) Darmstadt, Wissenschaftlicher Buchgesellschaft 1976, Abb. B, S. 62 bzw. Abb. C, S. 62)
M 6.2	Sappho an ihre Tochter Kleis — zweimal (Quellen: 1: © Artemis Verlag AG, in: Sappho, Griechisch und deutsch, hg. u. komm. von *Max Treu*, München 1979, S. 78-81; 2: *Marion Giebel*, Sappho. Rowohlt Taschenbuch Verlag GmbH, Reinbek 1980, S. 115 f.)
M 6.3	Tyrannenherrschaft auf Lesbos (Quelle: *Marion Giebel*, Sappho. Rowohlt Taschenbuch Verlag GmbH, Reinbek 1980, S. 31 f.)
M 6.4	Archaische Lebenswelt (Quelle: Hesiod. Werke und Tage. Übersetzung von *Wieber-Scariot* (Autorin))
M 6.5	Griechische Landschaften (Quelle: Photographien der Autorin)
M 6.6	Griechisches Segelschiff (Quelle: Propylaia. Griechisches Unterrichtswerk. Ernst Klett Schulbuchverlag, Stuttgart 1972, S. 18)
M 6.7	Griechische Kolonisation — ein Schiff verläßt Sparta (Quelle: Herodot 4, 147-148. Übersetzung durch die Autorin)
M 6.8	Die Kolonisation geht weiter: Eine Enkelin-Siedlung entsteht (Quelle: Herodot 4, 150-159. Übersetzung durch die Autorin)
M 6.9	Die griechische Kolonisation (Quelle: Karte. Entwurf der Verfasserin)
M 7.1	Über den Ursprung des spartanischen Staates (Quelle: Plutarch, Lykurg 1,1 und 6,1. Übersetzung durch die Autorin)
M 7.2	Wer sind die Ältesten und wer ist das Volk in Sparta? (Quelle: Text der Autorin)
M 7.3	Spartanisches Einflußgebiet (Quelle: *Manfred Clauss*, Sparta. Eine Einführung in seine Geschichte und Zivilisation. Beck'sche Elementarbücher, C. H. Beck'sche Verlagsbuchhandlung, München 1983, Frontispiz)
M 7.4	Ein Staat der Gleichen? (Quelle: Xenophon, Verfassung der Lakedaimonier 7. Übersetzung durch die Autorin)
M 7.5	Hethitisches Eisengeld (Quelle: *Robert Göbl*, Antike Numismatik. Battenberg Verlag, München 1978, Bd. 2, Tafel 37, Nr. 452)
M 7.6	Die Nicht-Spartiaten kommen zu Wort (Quelle: Text von der Autorin)
M 7.7	Eine Erklärung (Quelle: *J. T. Hooker*, Sparta. Geschichte und Kultur. Philipp Reclam jun. Verlag GmbH, Stuttgart 1982, S. 164/165)
M 7.8	Hopliten-Phalanx (Quelle: © Bildarchiv Preussischer Kulturbesitz, in: Rückspiegel Band 1, F. Ferdinand Schöningh Verlag, Paderborn 1994, S. 108)
M 7.9	Ein Gedicht des Tyrtaios (Quelle: *Walter Marg* (Hg.): Griechische Lyrik in deutschen Übertragungen. Philipp Reclam jun. Verlag GmbH, Stuttgart 1964, S. 14 f.)
M 7.10	Ein moderner Geschichtsschreiber über Jungen-Erziehung in Sparta (Qelle: *J. T. Hooker*, Sparta. Geschichte und Kultur. Philipp Reclam jun. Verlag GmbH, Stuttgart 1982, S. 160/161)
M 7.11	Spartanische Läuferin (Quelle: *G. Arrigoni* (Hg.), 1985, in: *Edith Specht*, Schön zu sein und gut zu sein. Mädchenbildung und Frauensozialisation im antiken Griechenland. Wiener Frauenverlag, Wien 1989, S. 106)
M 7.12	Ein spartanisches Mädchen erzählt (Quelle: Text von der Autorin)
M 8.1	Ölbaumpflanzung und antiker Ackerbau (Quellen: Photographie von der Autorin; sowie Autenrieths Schulwörterbuch zu den homerischen Gedichten. Verlag B. G. Teubner GmbH, Leipzig/Berlin 1915, Tafel XVIII, 1)
M 8.2	Ein Sechstellöhner aus Attika erzählt (Quelle: Text von der Autorin)
M 8.3	Solons Reformen (Quellen: Plutarch, Solon 14,1. Übersetzung durch die Autorin; Aristoteles, Staat der Athener 5,2. Übersetzung durch die Autorin; Solon 36 W. Übersetzung durch die Autorin; Aristoteles, Staat der Athener 7,1; 7,3; 8,4; 9,1. Übersetzung durch die Autorin)
M 8.4	Ständer mit den Gesetzen Solons (Quelle: *Eberhard Ruschenbusch*, Solonos nomoi. Die Fragmente des solonischen Gesetzwerkes mit einer Text- und Überlieferungsgeschichte. Franz Steiner Verlag Wiesbaden GmbH, Stuttgart 1983 = 1966, S. 24)
M 8.5	Ein Streitgespräch zwischen Kleisthenes und Isagoras (Quelle: Text von der Autorin)
M 8.6	Überreste eines Scherbengerichts (Quelle: *John M. Camp*, Die Agora von Athen. Ausgrabungen im Herzen des klassischen Athen. Verlag Philipp von Zabern GmbH, Mainz 1989 = London 1986, Abb. 39, S. 67)
M 8.7	Das athenische Stadtgebiet (Quelle: *Carl W. Weber*, Athen. Aufstieg und Größe eines antiken Stadtstaates. ECON-Verlag, Düsseldorf/Wien 1979, S. 107)
M 8.8	Der Metöke Kephalos macht seinem Unmut Luft (Quelle: Text von der Autorin)
M 9.1	Barbaren sind Sklaven (Quelle: Euripides. Werke, übertragen von *Dietrich Ebener*. Aufbau-Verlag GmbH, Berlin/Weimar 1966, S. 164 f.)
M 9.2	Griechen und Perser (Quelle: *H. W. Haussig* (Hg.), übersetzt von *A. Horneffer*. Historien. Kröners Taschenausgabe 224, 4. Aufl., Alfred Kröner Verlag, Stuttgart
M 9.3	Das Verhältnis von Griechen zu Griechen (Quelle: © Rowohlt Verlag GmbH, Reinbek: Platon, Der Staat, 470 c-7, übersetzt von Friedrich Schleiermacher, hrsg. von *Walter F. Otto* u.a., Hamburg 1977, S. 190)
M 9.4	Karte: Völker der Alten Welt um 500 v. Chr. (Quelle: Geschichte Lernen, H. 3/1988. Erhard Friedrich Verlag, S. 16)
M 9.5	Griechische und persische Krieger (Zwei Vasenbilder. Quelle: Gechichte Lernen, H. 3/1988. Erhard Friedrich Verlag, S. 20, kein gesonderter Bildnachweis)
M 10.1	Über das Handwerk (Quelle: 1. Plutarch, Perikles 1,4-2,1, übersetzt von *E. Eyth*. Hoffmann'sche Verlagsbuchhandlung, Stuttgart 1854, S. 4; 2. Xenophon, Über die Hauswirtschaft, in: *Michel Austin/Pierre Vidal-Naquet*, Gesellschaft und Wirtschaft im Alten Griechenland. C. H. Beck'sche Verlagsbuchhandlung, München 1984, S. 155)
M 10.2	Die Arbeit der Sklaven (Quelle: Diodorus Siculus III 12, 2-13,3, in: *Alison Burford*, Künstler und Handwerker in Griechenland und Rom. Verlag Philipp von Zabern GmbH, Mainz 1985, S. 88)
M 10.3	Körperliche Arbeit (Vasenbilder. Quelle: 1. *John Boardman*, Schwarzfigurige Vasen aus Athen. Verlag Philipp von Zabern GmbH, Mainz 1977, Nr. 186, Bildnachweis: British Museum, London; 2. *Heinz Dieter Schmid* (Hg.), Fragen an die Geschichte Bd. 1. Hirschgraben Verlag, Frankfurt a. M. 1981, S. 61, Bildnachweis: Museum of Fine Arts, Boston; 3. *Heinz Dieter Schmid* (Hg.), Fragen an die Geschichte Bd. 1. Hirschgraben Verlag, Frankfurt a. M., 6. Aufl. 1983, S. 71, Bildnachweis: Archiv für Kunst und Geschichte, Berlin; 4. *Heinz Dieter Schmid* (Hg), Fragen an die Geschichte Bd. 1. Hirschgraben Verlag, Frankfurt a. M. 1981, S. 60, Bildnachweis: Metropolitan Museum of Art, New York; 5. *John Boardman*, Schwarzfigurige Vasen aus Athen. Verlag Philipp von Zabern GmbH, Mainz 1977, Nr. 125, Bildnachweis: Metropolitan Museum of Art, New York; 6. *John Boardman*, Rotfigurige Vasen aus Athen. Die archaische Zeit. Verlag Philipp von Zabern GmbH, Mainz 1981, Nr. 119, Bildnachweis: Museum of Fine Arts, Boston)

Quellennachweis

M 11.1 Athen und die Bundeskasse (Quelle: Plutarch, Perikles, 12, übersetzt von *E. Eyth*. Hoffmann'sche Verlagsbuchhandlung, Stuttgart 1854, S. 17 f., vereinf.)

M 11.2 So bauten die Athener (Quelle: 1. **Guiseppe di Giovanni**, Akragas. Das Tal der Tempel. Palermo 1979, S. 53 f. 2. Folie: *Franz Bahl* (Bearb.), Spiegel der Zeiten Bd. 1. S. 81, kein gesonderter Bildnachweis)

M 11.3 Der Staat Athen (Quelle: Thukydides 2, 37 ff., übersetzt von *Wolfgang Schadewald*, in: *Walter Arend* (Bearb.), Geschichte in Quellen, in GiQ, Bd. 1: Altertum. Bayerischer Schulbuch-Verlag, München 1975, S. 221 f., stark vereinf.)

M 11.4 Athen als Handelszentrum (Quelle: 1. Hermippos, übersetzt von *O. Weinreich*, in: GiQ. Bayerischer Schulbuch-Verlag, München, S. 192)

M 11.5 Athenische Handelsbeziehungen (Karte: *Gustav Adolf Süß* u.a. (Hg.), Curriculum Geschichte, Bd. 1: Altertum. Verlag Moritz Diesterweg GmbH & Co, Frankfurt a. M. 1975, S. 105)

M 11.6 Die Stellung der Frauen in Athen (Quelle: Xenophon, Oikonomikos 7, 18-22, übersetzt von *Beate Wagner-Hasel*, aus: Das antike Griechenland. © Verlag Moritz Diesterweg GmbH & Co, Frankfurt a. M. 1975/1988, S. 114)

M 11.7 Aufgaben von Frauen (Vasenbilder. 1. *Hans Georg Kirchhoff/Klaus Lampe* (Hg.), Geschichte und Gegenwart, Bd. 1. Verlag Ferdinand Schöningh, Paderborn 1985, S. 84, Bildnachweis: Villa Giulia, Rom; 2. Quelle: *Johannes Irmscher* (Hg.), Lexikon der Antike. VEB Bibliographisches Institut, 10. Aufl., Leipzig 1990; 3. *John Boardman*, Schwarzfigurige Vasen aus Athen. Verlag Philipp von Zabern GmbH, Mainz 1977, Nr. 78, Bildnachweis: Metropolitan Museum of Art, New York; 4. *Carola Reinsberg*, Ehe, Hetärentum und Knabenliebe im antiken Griechenland. C. H. Beck'sche Verlagsbuchhandlung, München 1989, S. 76, Bildnachweis: Staatliche Museen, Berlin)

M 12.1 Das Reich Alexanders des Großen (Karte aus: *Hans Georg Kirchhoff/Klaus Lampe* (Hg.), Geschichte und Gegenwart, Bd. 1. Verlag Ferdinand Schöningh, Paderborn 1985, S. 103)

M 12.2 Ein Briefwechsel (Quelle: Arrian, Anabasis 2, 14, 1 ff., übersetzt von *W. Capelle*, in: GiQ. Bayerischer Schulbuch-Verlag, München, S. 332)

M 12.3 Die Alexanderschlacht. Abbildung in: *Erich Goerlitz/Joachim Immisch* (Hg.), Zeiten und Menschen, Bd. 1. Verlag Ferdinand Schöningh, Paderborn 1986, S. 63, Bildnachweis: Museo Nazionale Archeologico, Neapel

M 12.4 Griechen heiraten Perserinnen (Quelle: Arrian, Anabasis 7, 4,4 ff., übersetzt von *W. Capelle*, in: GiQ. Bayerischer Schulbuch-Verlag, München, S. 344)

M 12.5 Gut und schlecht = Griechen und Barbaren? (Quelle: Strabon, Geographie 1,4,9, übersetzt von *M. Pohlenz*, in: GiQ. Bayerischer Schulbuch-Verlag, München, S. 374)

M 12.6 Alexandria — eine Weltstadt (Quelle: Strabon 17, 1 ff., bearb. von *A. Forbiger*, in: GiQ. Bayerischer Schulbuch-Verlag, München, S. 367)

M 12.7 Plan des antiken Alexandria (Karte in: *Giselher Birk* u.a. (Hg.), Geschichte und Geschehen 7. Ausgabe BaWü. Ernst Klett Schulbuchverlag, Stuttgart 1987, S. 95)

M 12.8 Griechisch in unserer Sprache (Quelle: Zusammenstellung von der Autorin)

Unterricht GEOGRAPHIE

Gerade der Geographieunterricht lebt von Methodenvielfalt und interessanten regionalen Fallbeispielen. Nutzen Sie deshalb für Ihren Unterricht die Vorteile der darauf abgestimmten, neuen und einzigartigen Konzeption von „Unterricht GEOGRAPHIE".

Sie erhalten mit jedem Band konkrete, ausgearbeitete Unterrichtsvorschläge zu einem zentralen Thema des Geographieunterrichts in der Sekundarstufe I. Alle Bände enthalten neben dem Basiswissen zum Thema strukturierte Verlaufspläne, regionalgeographische Sachanalysen und ein reiches Angebot an Materialien und Medien: Kopiervorlagen, Diagramme, Arbeitsblätter, Transparente, Dias, Faltkarten... Der konzeptionelle Leitgedanke der Reihe – optimaler Service und große individuelle Gestaltungsfreiheit für die Lehrer – ist in jedem Band konsequent durchgeführt und bedeutet eine große Arbeitsentlastung für die Unterrichtsvorbereitung.

Unterricht GEOGRAPHIE im Überblick:

Geozonen
von G. Maier-Hilbert und E. Thies
Best.-Nr.: 335-01096

Städtische Räume
von C. Dahm und H. Schöpke
Best.-Nr.: 335-01097

Agrargeographie
von C. Riess und D. Sajak
Best.-Nr.: 335-01109

Ökologie und Umweltschutz
von J. Hasse und W. Wroz
Best.-Nr.: 335-01540

Natur und Umwelt
von J. Hasse und W. Wroz
Best.-Nr.: 335-01748

Industriegeographie
von M. Schrader und A. Peter
Best.-Nr.: 335-01111

Entwicklungsländer
von J. Schnurer und G. Ströhlein
Best.-Nr.: 335-01206

Wetter und Klima
von W. Lükenga
Best.-Nr.: 335-01339

Erholungsräume
von G. Sasse und D. Stonjek
Best.-Nr.: 335-01397

Politische Räume
von U. Brameier und J. Schnurer
Best.-Nr.: 335-01421

Energie und Umwelt
von W. Lükenga
Best.-Nr. 335-01476

Verkehr
von H. Brauer und R. Lübbecke
Best.-Nr. 335-01915

Alle Bände im DIN-A4-Format mit Spiralbindung.

Wünschen Sie ausführliches Informationsmaterial? Dann fordern Sie unseren Spezialprospekt an!

AULIS VERLAG DEUBNER & CO KG
Antwerpener Straße 6–12 · 50672 Köln · Tel. (02 21) 95 14 54-20